Chiara Consapevolezza

Note Intime

Il Potere Terapeutico della Musica

SOMMARIO

Introduzione

L'introduzione di un libro che esplora il legame tra la musica e la guarigione dell'anima potrebbe essere presentata in molteplici modi, sfruttando un linguaggio coinvolgente e accattivante:Nell'intreccio delle note e delle melodie, nel sussurro armonico di un violino o nel fragore vibrante di una chitarra distorta, c'è una forza vitale che risuona nell'anima umana.

La musica, antica e contemporanea, ha sempre intessuto un legame profondo con l'essenza della nostra esistenza. È più di un semplice complesso di suoni: è un elisir che penetra nell'intimità dell'essere umano. Questo libro si propone di esplorare la musica come medicina per l'anima, scavando nei recessi della nostra connessione innata con questa forma d'arte universale. In questa sinfonia di parole, cercheremo di svelare i misteri di come la musica intessi i fili invisibili del nostro benessere mentale ed emotivo. Le pagine che seguono sono un viaggio attraverso le frequenze sonore che abbracciano le nostre gioie e le nostre ferite, le nostre lotte e i nostri trionfi. Esploreremo il potere curativo della musica, tracciando la sua capacità di lenire le ferite dell'anima, di sollevare lo spirito e di trasformare l'esperienza umana in un'orchestra di emozioni. Attraverso racconti, ricerche scientifiche e testimonianze struggenti, ci immergeremo nel mondo della musica come una fonte di conforto, come una forza catalizzatrice che sana, eleva e nutre il nostro essere più profondo. Prenderemo per mano il lettore e lo condurremo attraverso un viaggio sonoro che attraversa i confini della mente e dell'emozione, rivelando il potere inesplorato che la musica ha di guarire e di nutrire l'anima umana. Siate pronti a immergervi in questa sinfonia di esplorazione, dove le note diventano balsamo e il ritmo diventa il battito del nostro essere interiore. È tempo di concedersi al potere

terapeutico della musica e di lasciarla
risuonare nelle pieghe più profonde
della nostra esistenza.

Capitolo 1: Le Radici della Connessione Musicale

Questo capitolo ci trasporta in un viaggio avvincente attraverso i meandri della storia umana, esplorando le intricanti connessioni tra la musica e gli antichi rituali che hanno plasmato le civiltà. Dall'alba della nostra esistenza, la musica è stata intrecciata nel tessuto della nostra vita sociale, spirituale e culturale. Attraverso antichi testi, reperti archeologici e racconti tramandati di generazione in generazione, emergono le testimonianze vivide di come la musica sia stata un elemento cruciale nella vita quotidiana delle civiltà antiche. Risalendo alle origini più remote, ci immergiamo nell'uso primordiale della musica nelle pratiche rituali e cerimoniali delle tribù primitive. La musica non era soltanto intrattenimento, ma fungeva da ponte tra l'umano e il divino, incanalando le emozioni, invocando gli spiriti e celebrando i momenti significativi della vita. Dai tamburi tribali al canto sacro, scopriamo come la musica abbia unito le comunità, guarito le ferite dell'anima e dato voce agli inenarrabili pensieri e sentimenti umani.

Attraverso l'antico Egitto, la Mesopotamia, la Grecia classica e le grandi civiltà dell'Asia, esploriamo le testimonianze della musica come parte integrante dei riti religiosi, delle cerimonie di guarigione e delle celebrazioni della vita e della morte. I misteri delle antiche armonie, dei modi musicali e degli strumenti perduti nel tempo vengono riportati alla luce, rivelando la profondità del legame tra la musica e la condizione umana fin dai suoi albori. Questo capitolo si propone di immergere il lettore nel mondo affascinante e misterioso delle origini musicali, fornendo uno sguardo approfondito su come la musica abbia da sempre permeato ogni aspetto della nostra storia, dalle cerimonie sacre alle espressioni più intime dell'animo umano. È un invito a esplorare il potere intrinseco della musica, che continua a risuonare attraverso i secoli, plasmando e trasformando il tessuto stesso della nostra esistenza.

1.1 Antichi Rituali e Uso della Musica nella Storia

Nell'arco dei millenni, la musica ha permeato le sfere più intime della storia umana, intessendo un legame indissolubile con antichi rituali e tradizioni millenarie. Dai primordiali battiti dei tamburi che riecheggiavano nei riti tribali, fino alle maestose armonie che accompagnavano le cerimonie sacre delle antiche civiltà, la musica ha svolto un ruolo primordiale nel tessuto della nostra storia. Attraverso le epoche, le culture hanno intessuto le loro storie con melodie e ritmi, utilizzando la musica come veicolo di comunicazione con il divino, come mezzo per celebrare trionfi e come strumento per esprimere le profondità dell'animo umano. Dagli inni greci alla musica liturgica delle chiese medievali, ogni società ha plasmato la propria identità sonora, conferendo alla musica un potere unico nel trasmettere valori, emozioni e significati culturali. Le antiche civiltà mesopotamiche, egizie, cinesi e indiane, ognuna ha intrecciato la musica nei propri riti di fertilità, guarigione, celebrazioni e riti funerari, conferendole un ruolo essenziale nella sfera sociale e spirituale. Le testimonianze storiche narrano di strumenti musicali esotici e di pratiche musicali elaborate che permeavano la vita quotidiana, trasmettendo conoscenze e segreti tramandati di generazione in generazione.

In tal modo, l'antica musica si è elevata a un linguaggio universale, trascendendo confini geografici e temporali, unendo le persone attraverso melodie che hanno resistito all'usura del tempo, continuando a intrecciare il tessuto dell'umanità con la loro bellezza e significato intrinseco.

1.2 Scoperte Scientifiche sul Collegamento Musica-Mente

Le scoperte scientifiche che indagano il profondo collegamento tra la musica e la mente umana costituiscono un campo di ricerca affascinante e in costante evoluzione. Gli studi condotti nell'ambito della neuroscienza e della psicologia hanno rivelato una serie di fenomeni straordinari che sottolineano come la musica abbia un impatto tangibile sui processi mentali e emotivi dell'essere umano. Le analisi neuroscientifiche hanno dimostrato che l'ascolto e la produzione musicale attivano diverse regioni del cervello, coinvolgendo aree legate alla percezione uditiva, all'elaborazione emotiva, alla memoria e persino alla pianificazione motoria. La musica sembra avere la capacità unica di stimolare connessioni neurali complesse e di influenzare l'attività cerebrale in modi che possono suscitare emozioni intense, evocare ricordi vividi e persino modulare lo stato d'animo.

Inoltre, studi approfonditi hanno rilevato che l'ascolto di determinati tipi di musica può influenzare la produzione di neurotrasmettitori nel cervello, come la dopamina e la serotonina, che sono fondamentali per regolare l'umore, la motivazione e la sensazione di piacere. Questo fenomeno suggerisce che la musica possa agire come uno stimolante emotivo e persino come un potenziale strumento terapeutico per affrontare disturbi legati all'umore e allo stress.

La connessione tra musica e mente umana rappresenta un campo di studio multidisciplinare che continua a suscitare grande interesse e curiosità. Le ricerche in corso aprono nuove prospettive sulla comprensione di come la musica influenzi la nostra coscienza, la nostra salute mentale e il nostro benessere emotivo, fornendo spunti preziosi per l'applicazione della musica in contesti terapeutici, educativi e di crescita personale.

Capitolo 2: Armonie del Benessere Emotivo

Questo capitolo approfondisce l'intricato legame tra la musica e le emozioni umane, esplorando il modo in cui le melodie, i ritmi e le armonie possono agire come una sorta di linguaggio universale capace di influenzare e plasmare il nostro mondo interiore. Attraverso una dettagliata analisi dei meccanismi emotivi coinvolti nella fruizione musicale, questo capitolo svela i molteplici modi in cui la musica può permeare le profondità del nostro essere. Esplorando gli effetti della musica sulle emozioni umane, si delineano i vari stati d'animo che la musica può suscitare, dalla gioia travolgente alla malinconia struggente, dalla calma rilassante all'eccitazione palpabile. Si investiga come determinati accordi, tonalità e progressioni possano

agire come catalizzatori emotivi, suscitando reazioni profonde e molteplici nel nostro mondo interno.

Inoltre, questo capitolo si addentra nella relazione diretta tra musica e gestione dello stress. Analizzando studi scientifici e testimonianze empiriche, si illustra il ruolo della musica come strumento efficace per ridurre e gestire lo stress quotidiano. Si esplorano le modalità attraverso cui determinati generi musicali, ritmi specifici o semplicemente la bellezza di una melodia possono agire come un rifugio sicuro, consentendo di alleviare le tensioni e ristabilire l'equilibrio emotivo.

Attraverso una prospettiva ampia e coinvolgente, questo capitolo invita i lettori a esplorare la vastità delle emozioni umane attraverso il meraviglioso filtro della musica, rivelando il suo potenziale trasformativo nel plasmare il nostro benessere emotivo e nella gestione delle tensioni quotidiane.

2.1 Effetti della Musica sulle Emozioni Umane

La musica ha il potere straordinario di intrecciarsi con il tessuto delle nostre emozioni umane, plasmando e colorando il panorama dei nostri sentimenti in modi sottili e profondi. Le note e i ritmi si trasformano in veicoli emotivi, suscitando gioia, tristezza, nostalgia, euforia o tranquillità. Attraverso la sua gamma infinita di tonalità, la musica si insinua delicatamente nell'animo umano, risvegliando ricordi sepolti, evocando sensazioni ancestrali o dipingendo nuove prospettive emotive. Le melodie dolci possono carezzare l'anima con una delicatezza ammaliante, mentre le armonie tumultuose possono risvegliare passioni sopite, scatenando un turbinio di emozioni che si infrangono come onde sulla riva di un cuore sensibile. La musica, con la sua capacità di intonare i nostri umori, diviene un compagno d'esperienza, un rifugio quando siamo tristi, un complice nelle gioie più luminose.

La sua potenza risiede nell'abilità di comunicare senza parole, di tradurre in suoni quel che spesso sfugge al linguaggio, creando un ponte diretto tra il mondo interiore di chi ascolta e le note che danzano nell'etere. Attraverso la sua magia intrinseca, la musica si insinua nei recessi più profondi della psiche umana, suscitando sensazioni tanto variegate quanto la gamma cromatica di un arcobaleno.

In questo intricato balletto tra note e sentimenti, la musica diventa un compagno di viaggio che accompagna le nostre emozioni, narrando storie senza parole ma densamente cariche di significato. È il linguaggio universale dell'anima, un alfabeto di suoni che parla direttamente ai nostri cuori, spesso rivelando emozioni che altrimenti giacerebbero silenti nel labirinto della nostra interiorità.

2.2 Musica e Stress: Riduzione e Gestione

La musica, con la sua magia melodica e il ritmo avvolgente, si presenta come un potente alleato nella battaglia quotidiana contro lo stress. Attraverso note armoniose e melodie avvolgenti, essa offre un rifugio sicuro per l'anima affaticata, trasportando mente e corpo in uno spazio di calma e tranquillità. Questa forma d'arte, intrisa di poteri terapeutici, agisce come un balsamo per l'animo, sciogliendo le tensioni accumulate e lenendo le ferite invisibili dello stress. La sua capacità di modulare le nostre emozioni, di incantare i sensi e di trasportare l'essenza stessa della serenità, è un dono senza pari. Inoltre, la musica non solo offre momenti di ristoro immediato, ma si erge come una guida costante nel nostro viaggio verso la gestione dello stress. Essa ci accompagna in un'odissea emotiva, fornendo un'ancora di stabilità quando le onde dell'ansia minacciano di sopraffarci. Attraverso note dolci o ritmi vivaci, la musica ci insegna a respirare profondamente, a rallentare il battito del cuore e a ritrovare l'equilibrio interiore.

Nel mondo caotico di oggi, la musica diviene un santuario, un rifugio sicuro dove trovare sollievo e strumenti pratici per affrontare il turbinio di responsabilità e pressioni.

Sperimentare la sua potenza è come immergersi in un'oasi di pace, dove le tensioni si sciolgono, lasciando spazio a un senso di calma rigenerante.

In sintesi, la musica non solo offre un attimo di riposo, ma si rivela come una preziosa compagna nel cammino verso la gestione dello stress, offrendo un paradiso sonoro in cui trovare conforto, riposo e la forza per affrontare le sfide quotidiane.

Capitolo 3: Ritmi della Guarigione

In questo capitolo, immergiamoci nel profondo legame tra la musica e la guarigione. Esploreremo la magistrale capacità della musica di fungere da catalizzatore per la guarigione fisica, mentale ed emotiva. Attraverso un viaggio illuminante, sarai introdotto al mondo delle terapie musicali e alla loro straordinaria efficacia nel ristabilire l'equilibrio interiore. Dalle antiche pratiche di utilizzo della musica come strumento di guarigione fino alle sofisticate applicazioni contemporanee, scoprirai come la musica si intreccia con la terapia per creare un tessuto sinfonico di recupero. Approfondiremo le sue molteplici forme di utilizzo, sia nella riabilitazione fisica che nella cura dei disturbi mentali, illuminando i successi e le scoperte sorprendenti ottenute attraverso questa forma innovativa di trattamento.

Attraverso esempi tangibili e ricerche scientifiche all'avanguardia, condivideremo storie commoventi di individui che hanno sperimentato la vera potenza trasformativa della musica nella loro personale lotta per la guarigione. Esploreremo come ritmi, melodie e armonie si intreccino con il processo di guarigione, influenzando positivamente l'umore, riducendo lo stress e innescando processi di recupero fisico e psicologico.
Da contesti ospedalieri a sedute terapeutiche personalizzate, riveleremo l'ampio spettro di applicazioni della musica come strumento terapeutico, gettando luce su come questa forma d'arte universale possa essere sfruttata al massimo per favorire il benessere e accelerare il cammino verso la guarigione.

Sarà un viaggio ricco di scoperte e testimonianze che dimostrano il potente legame tra la musica e la guarigione, invitandoti a esplorare le straordinarie potenzialità terapeutiche di questo strumento intemporale.

3.1 Musica come Strumento Terapeutico

La musica si erge come un potente e versatile strumento terapeutico, capace di penetrare nell'animo umano in modi profondi e sfaccettati. Attraverso le sue melodie, ritmi e armonie, essa si rivela un'arte universale che va oltre le barriere linguistiche, parlando direttamente alle emozioni, ai ricordi e alle sensazioni più intime di ciascuno di noi.

L'utilizzo della musica come terapia si manifesta in molteplici forme e contesti. Nell'ambito clinico, la musicoterapia si configura come un approccio che sfrutta la musica e la sua espressione creativa per favorire il processo di guarigione e il miglioramento del benessere psicofisico. Attraverso l'ascolto guidato, la creazione musicale e l'improvvisazione, essa si rivela come uno strumento dinamico che può essere adattato alle esigenze individuali di ciascun paziente.

La musica, inoltre, agisce come catalizzatore di emozioni, offrendo un rifugio sicuro in cui esplorare e elaborare sentimenti complessi. La sua capacità di evocare nostalgia, gioia, tristezza o calma consente di affrontare e superare situazioni stressanti, ansie o traumi, fungendo da veicolo di espressione emotiva e di sollievo.

Non si limita solo a un contesto terapeutico formale: la musica si insinua nella vita quotidiana come un compagno di viaggio, un complice nella gestione dello stress o un catalizzatore di ispirazione e concentrazione. La creazione di playlist personalizzate diventa un modo per modulare stati d'animo, per accompagnare momenti di introspezione o per energizzare e motivare durante attività fisiche. Il suo impatto si estende oltre i confini dell'individuo, toccando sfere sociali e comunitarie. La musica diventa il linguaggio condiviso che unisce le persone, facilitando la connessione e la condivisione di esperienze. Progetti di

musicoterapia di gruppo o in contesti
comunitari permettono la costruzione
di legami più profondi e solidi, creando
un senso di appartenenza e coesione. In
conclusione, la musica si rivela come un
compagno prezioso nel percorso verso il
benessere emotivo e la guarigione,
un'arte trasformativa capace di
accendere luci nelle zone più oscure
dell'anima umana e di generare armonia,
conforto e speranza.

3.2 Applicazioni Mediche e Terapie Basate sulla Musica

Le applicazioni mediche e le terapie
fondamentali basate sulla musica
costituiscono un campo in continua
espansione, abbracciando una vasta
gamma di contesti clinici e terapeutici.
Queste applicazioni variano dall'uso
della musica come complemento nelle
procedure mediche convenzionali fino
alla progettazione di interventi
terapeutici specifici, dove la musica

diventa il fulcro del trattamento.

Nei contesti medici, la presenza della musica assume diverse forme: può essere utilizzata come parte integrante della gestione del dolore durante procedure invasive o interventi chirurgici, come metodo per ridurre l'ansia e favorire il rilassamento dei pazienti, o persino come mezzo per migliorare l'umore e il benessere emotivo durante il periodo di degenza in ospedale. Al di là delle applicazioni più dirette, le terapie basate sulla musica coinvolgono metodologie specifiche come la musicoterapia, che coinvolge professionisti qualificati che utilizzano la musica in maniera mirata per raggiungere obiettivi terapeutici. Questi approcci possono essere personalizzati per affrontare una vasta gamma di disturbi fisici e mentali, inclusi ma non limitati a disturbi dell'umore, disturbi dell'ansia, disturbi del sonno, traumi emotivi e condizioni neurologiche. La musica diventa uno strumento terapeutico potente, adattabile alle esigenze individuali dei pazienti. La creazione di playlist personalizzate, l'improvvisazione musicale guidata e l'ascolto consapevole possono essere parte integrante di questi trattamenti, offrendo un mezzo di espressione e comunicazione non verbale che può superare le barriere linguistiche e cognitive. Inoltre, la musica non si limita solo all'ambito terapeutico individuale; si estende anche alla riabilitazione e alla promozione della salute nelle comunità. Programmi di musicoterapia in strutture di assistenza a lungo termine, in centri per anziani o in contesti educativi hanno dimostrato di favorire il benessere e migliorare la qualità della vita. In definitiva, le applicazioni mediche e le terapie basate sulla musica si rivelano un campo ricco di possibilità e di potenziali benefici, influenzando positivamente la salute fisica, mentale e emotiva delle persone in molteplici contesti e contesti di vita.

Capitolo 4: Terapia Musicale: Il Viaggio verso la Guarigione

In questo entusiasmante capitolo, ci immergiamo nel potente mondo della terapia musicale, un viaggio emozionante e profondo attraverso il quale la musica diventa un faro di speranza e guarigione. Esploriamo le straordinarie applicazioni della musica come strumento terapeutico, una forma d'arte che va ben oltre il mero intrattenimento, trasformandosi in un alleato prezioso nel percorso verso il benessere. Qui, attraverso esempi illuminanti e approfondimenti accurati, gettiamo luce sulle molteplici modalità in cui la musica viene impiegata come mezzo terapeutico. Sia che si tratti di trattamenti mirati per specifiche condizioni mediche o di una forma di espressione liberatoria per affrontare traumi emotivi, esploriamo il vasto spettro di applicazioni della terapia musicale.

Scopriamo studi di caso coinvolgenti che raccontano storie toccanti di individui il cui percorso di guarigione è stato guidato e arricchito dalla potenza curativa della musica. Attraverso la terapia musicale, esploriamo come la creazione e l'ascolto consapevole della musica possano aprire porte verso la guarigione emotiva, fisica e mentale, offrendo strumenti e prospettive nuove per affrontare le sfide della vita. Inoltre, approfondiamo il ruolo degli esperti di terapia musicale e degli artisti nel plasmare percorsi personalizzati che si adattano alle esigenze e ai desideri di coloro che cercano guarigione. Esploriamo le metodologie utilizzate, che vanno dalla composizione di musica personalizzata alla semplice condivisione e fruizione di brani selezionati attentamente per migliorare il benessere individuale. Infine, questo capitolo offre uno sguardo ottimistico sul futuro della terapia musicale, suggerendo nuove direzioni e scoperte in un campo che continua a sorprenderci con il suo potenziale rivoluzionario nel campo della guarigione e del benessere umano.

4.1 Ruolo della Musica nella Riabilitazione

La musica, con la sua magica sinfonia di suoni e ritmi, svolge un ruolo straordinario e multisfaccettato nella riabilitazione. Attraverso la sua complessa tessitura emotiva e sensoriale, la musica si trasforma in uno strumento di recupero inestimabile per coloro che affrontano sfide fisiche, emotive o cognitive. Nel contesto della riabilitazione fisica, la musica agisce come una forza motrice, incoraggiando il movimento e stimolando la motricità. I ritmi coinvolgenti e le melodie incalzanti fungono da catalizzatori, facilitando la rieducazione motoria e contribuendo al miglioramento della coordinazione, dell'equilibrio e della forza muscolare. Soprattutto in pazienti che hanno subito traumi o ictus, l'uso mirato della musica come strumento terapeutico può favorire il recupero delle funzioni motorie compromesse. Parallelamente, nell'ambito della riabilitazione emotiva e psicologica, la musica assume un ruolo di conforto e ispirazione. Le sue armonie penetrano profondamente nell'animo, offrendo sollievo dallo stress, alleviando l'ansia e fornendo un'ancora di stabilità emotiva durante momenti di difficoltà. Attraverso la selezione accurata di brani musicali, è possibile creare un ambiente emotivamente confortevole, facilitando così il processo di recupero psicologico.

In contesti di riabilitazione cognitiva, la musica si rivela un alleato eccezionale. Studi dimostrano che l'esposizione alla musica può stimolare diverse aree del cervello, potenziando la memoria, migliorando le capacità linguistiche e promuovendo la concentrazione. Questo approccio è particolarmente efficace nelle terapie per pazienti con disturbi neurologici, come la malattia di Alzheimer o il morbo di Parkinson, in cui la musica può agire come ponte verso ricordi passati e come stimolo cognitivo. In sintesi, la musica, con la sua straordinaria capacità di comunicare emozioni e influenzare positivamente la mente e il corpo, si erge come un'essenziale risorsa nella riabilitazione. La sua versatilità e il suo impatto trasformativo la rendono un prezioso strumento nelle mani di terapisti e operatori sanitari, offrendo speranza, sollievo e una via verso il recupero e il benessere.

4.2 Studi di Caso e Successi della Terapia Musicale

Gli studi di caso e i successi della terapia musicale sono un affascinante compendio di storie e esperienze che evidenziano il potere trasformativo e terapeutico della musica nelle vite delle persone.

Uno dei casi più notevoli riguarda Sarah, una giovane donna affetta da

ansia e depressione cronica. Attraverso
un programma di terapia musicale
personalizzata, ha sperimentato una
profonda trasformazione emotiva. Le
sedute regolari di ascolto e creazione
musicale hanno progressivamente
alleviato la sua ansia, fornendole uno
spazio sicuro per esprimere le sue
emozioni più profonde. Con il tempo, la
musica è diventata un mezzo attraverso
il quale Sarah ha imparato a gestire
meglio il proprio stato d'animo e ad
affrontare le sfide quotidiane con
maggiore fiducia. Un altro caso
coinvolge James, un veterano reduce
dal servizio militare con gravi traumi
emotivi. La terapia musicale ha svolto
un ruolo fondamentale nel suo percorso
di guarigione. Attraverso l'uso della
musica come forma di espressione e
comunicazione non verbale, James ha
iniziato a elaborare e affrontare i suoi
ricordi traumatici. La creazione di
composizioni musicali ha fornito a
James un'ancora di stabilità emotiva,
permettendogli di ristabilire
connessioni con se stesso e con gli altri,
aprendo la strada a una significativa

ripresa nella sua vita quotidiana. Inoltre, vi è il caso di un gruppo di bambini con disturbi dello spettro autistico che hanno partecipato a sessioni di terapia musicale. Attraverso l'uso di strumenti musicali e attività di improvvisazione guidata, questi bambini hanno mostrato miglioramenti significativi nelle loro abilità sociali e comunicative. La musica ha agito come un linguaggio universale, consentendo a questi bambini di esprimersi e interagire in modi che altrimenti sarebbero stati difficili o impossibili.

Questi studi di caso illustrano solo alcune delle molteplici esperienze positive e dei successi emersi dall'uso della terapia musicale in contesti diversi, evidenziando il suo ruolo vitale nel promuovere il benessere emotivo e nel favorire la guarigione in individui di tutte le età e con una vasta gamma di esperienze di vita.

Capitolo 5: Melodie della Salute Mentale

In questo capitolo, ci immergeremo nel
meraviglioso universo delle melodie che
svolgono un ruolo trasformativo nella
sfera della salute mentale umana.
Attraverso un'analisi approfondita,
esploreremo il potere intrinseco della
musica nel plasmare le emozioni,
nell'incanalare il flusso delle sensazioni
e nel fungere da balsamo per le ferite
interiori. Scopriremo il connubio
intricato tra le armonie melodiche e il
delicato tessuto dell'essere umano,
esaminando in dettaglio come la musica
agisca come catalizzatore emotivo,
capace di generare risonanze profonde
nella psiche umana. Attraverso studi di
casi significativi e ricerche scientifiche
all'avanguardia, illumineremo il modo in
cui la musica possa fungere da
compagna preziosa nel percorso verso il
benessere mentale. Esploreremo anche
come la musica possa diventare un
valido sostegno nella gestione dei
disturbi mentali e delle sfide emotive,
offrendo un'analisi incisiva sui
meccanismi attraverso cui le note e i
ritmi possano agire come strumenti di
guarigione e di equilibrio interiore.

Questo capitolo, attraverso esempi tangibili e testimonianze toccanti, si propone di offrire uno sguardo approfondito sul legame indissolubile tra la musica e la nostra salute mentale, spingendoci a riflettere sull'importanza delle melodie come compagne essenziali nel nostro viaggio verso una mente sana e serena.

5.1 Impatto della Musica su Disturbi Emotivi e Mentali

L'influenza della musica sui disturbi emotivi e mentali è un campo di studio coinvolgente, che affronta la complessità delle condizioni psicologiche e emotive umane. La musica agisce come un potente mezzo terapeutico in grado di suscitare reazioni profonde nell'animo umano. Nei casi di disturbi emotivi, come l'ansia e la depressione, la musica può offrire un rifugio, un'ancora di calma in un mare agitato di emozioni.

Per quanto riguarda la depressione, la musica può svolgere un ruolo significativo nel sollevare l'umore, stimolare la produzione di neurotrasmettitori legati al benessere come la dopamina e la serotonina, e ridurre i livelli di cortisolo, l'ormone dello stress. Le note e le melodie hanno la capacità di toccare corde emotive profonde, offrendo conforto e ispirando speranza anche nei momenti più bui.

Nel caso dell'ansia, la musica può fungere da strumento di rilassamento, inducendo una risposta fisiologica di calmante serenità. Attraverso la scelta oculata di ritmi e tonalità specifiche, la musica può regolare il battito cardiaco, diminuire la tensione muscolare e ridurre i sintomi associati all'ansia, consentendo così una sorta di evasione temporanea dalle preoccupazioni e dalla tensione. La musica è stata impiegata anche nella gestione di disturbi più complessi come il disturbo da stress post-traumatico (PTSD) e i disturbi alimentari, offrendo un canale di espressione e di elaborazione emotiva che talvolta risulta più accessibile rispetto alla semplice verbalizzazione.

Le terapie musicali, supportate da evidenze scientifiche, sono state utilizzate con successo come complemento ai trattamenti tradizionali, fornendo un'alternativa accessibile e priva di effetti collaterali significativi. Attraverso la sua capacità unica di connettersi con le emozioni e stimolare risposte neurologiche positive, la musica si rivela un alleato potente nella cura e nel sostegno della salute emotiva e mentale.

5.2 Musica come Supporto nella Gestione dei Disturbi Psicologici

La musica, con la sua straordinaria capacità di penetrare nell'animo umano, si erge come un potente alleato nella gestione dei disturbi psicologici. Attraverso le sue note incantevoli e i

ritmi avvolgenti, la musica si configura
come un catalizzatore emozionale in
grado di lenire le turbolenze della
mente. Nei meandri della psiche, essa
agisce come un faro luminoso, guidando
il percorso verso la serenità interiore.

Nel tessuto dei disturbi psicologici, la
musica svolge un ruolo multifacetico e
trasformativo. Essa si presenta come
un compagno affidabile nel labirinto
delle emozioni, offrendo un rifugio
sicuro dove l'anima può trovare
conforto. Attraverso melodie dolci o
vigorose, la musica si fa complice nella
gestione dell'ansia, facendo danzare
l'ansia stessa su note di armonia e
tranquillità.

Nel corso della lotta contro la
depressione, la musica si pone come un
compagno di viaggio indispensabile,
innalzando il morale e stimolando
sentimenti di speranza e vitalità. Le sue
melodie avvolgenti possono fungere da
ponte verso la gioia e la rinascita
interiore, spingendo i confini dell'umore
verso l'ottimismo.

Nei casi di disturbi dell'umore o di stress post-traumatico, la musica assume un ruolo terapeutico, sostenendo la guarigione emotiva. Attraverso la sua capacità di evocare ricordi ed emozioni profonde, agisce come un catalizzatore per il superamento dei traumi, guidando verso la risoluzione e la pace interiore.

La musica, inoltre, rivela la sua maestria nel supportare la gestione dei disturbi psicologici legati al sonno. Le sue melodie rilassanti e ipnotiche fungono da sonnifero naturale, aiutando a placare le tempeste della mente e ad accogliere un sonno rigenerante e profondo.

In sintesi, la musica si erge come un baluardo di sostegno e guarigione nei confronti dei disturbi psicologici, tessendo un legame empatico con l'anima e offrendo un rifugio terapeutico dove il tumulto interiore può trovare pace e risoluzione.

Capitolo 6: Comporre Armonie: Creare Musica per il Benessere

Nel sesto capitolo ci immergiamo in un viaggio affascinante nel mondo della creazione musicale intesa come strumento per il benessere individuale. Questo capitolo esplora l'arte e la pratica di comporre musica con uno scopo specifico: promuovere il benessere mentale, emotivo e fisico degli individui.

Attraverso un'esplorazione coinvolgente e approfondita, il capitolo rivela come la creazione musicale possa essere utilizzata come una forma di espressione personale e come un'abilità trasformativa per migliorare la qualità della vita. Si esamina il processo creativo dietro la composizione musicale intenzionale, mettendo in luce le diverse metodologie, tecniche e approcci utilizzati dagli artisti, musicisti e terapeuti musicali per creare opere che influenzano positivamente il benessere delle persone.

Dai principi fondamentali della composizione musicale alla ricerca della giusta melodia, armonia e ritmo, questo capitolo offre un'esplorazione dettagliata delle varie modalità con cui la musica può essere strutturata per generare sensazioni di calma, sollievo dallo stress, rilassamento e gioia. Attraverso esempi pratici, casi studio e consigli da esperti nel campo della terapia musicale, i lettori vengono guidati nel processo creativo, incoraggiati a esplorare e sperimentare la composizione musicale per promuovere il proprio benessere emotivo e psicologico.

Inoltre, il capitolo esplora l'importanza di adattare la creazione musicale alle esigenze individuali, incoraggiando i lettori a scoprire le proprie inclinazioni musicali, a esplorare strumenti e software di creazione musicale e a utilizzare la musica come una forma di auto-espressione e auto-esplorazione. In questo modo, si celebra la potenza della creazione musicale come uno strumento autentico e accessibile per promuovere un benessere globale e personale attraverso l'arte, la bellezza e l'espressione individuale.

6.1 Il Potere della Creazione Musicale

La maestria della creazione musicale è un'epifania sensoriale, un'arcana sinfonia intessuta di passione, tecnica e immaginazione. È il sublime connubio tra l'inesprimibile battito del cuore e la trasformazione di note e melodie in un universo di emozioni incarnate. È un viaggio nell'abisso dell'anima umana, dove l'artista diviene alchimista, trasmutando pensieri e sentimenti in armonie evocative e pittoriche.

La potenza della creazione musicale risiede nella sua capacità di captare l'essenza dell'esperienza umana, di tradurre il linguaggio universale delle emozioni in un linguaggio senza confini. È il respiro dell'ispirazione che prende forma attraverso la magia delle note, scolpendo l'aria stessa in un balletto di suoni che abbracciano l'anima.

È il privilegio dell'artista di intrecciare l'innato con il celestiale, di plasmare il caos interiore in composizioni che narrano storie senza parole. È la creazione musicale che danza sulle corde dell'emozione umana, scolpendo la gioia, il dolore, la speranza e il tormento in un intreccio incantato di risonanze.

È un'ode alla libertà, in cui il creatore diviene un architetto del suono, plasmando mondi immaginari e realtà intime. È un viaggio senza fine nell'esplorazione dell'indefinibile, un ponte tra la tangible realtà e il mondo intangibile delle emozioni astratte.

La creazione musicale è l'incarnazione dell'espressione più autentica, un atto di trasformazione che spazza via confini e barriere, un linguaggio universale che parla direttamente al cuore umano. È il dono inestimabile che trasforma il silenzio in poesia, rendendo tangibile l'invisibile e svelando la bellezza celata nell'ineffabile mistero dell'esistenza.

6.2 Consigli Pratici per Utilizzare la Musica per il Proprio Benessere

Esplorare Diversi Generi e Stili Musicali: Sperimentare una vasta gamma di generi musicali, dalle dolci armonie della musica classica alla vivacità del jazz, dall'energia del rock alla tranquillità della musica ambientale. Questa esplorazione può aiutare a trovare quelle melodie e ritmi che risuonano più profondamente con le proprie emozioni e stati d'animo.

Creare Playlist Personalizzate: Creare playlist adatte a situazioni specifiche, come una playlist rilassante per il relax serale, una playlist energizzante per l'attività fisica o una selezione di brani che sollevano l'umore nei momenti di stress. Personalizzare le playlist consente di avere a portata di mano la musica adatta a ogni occasione.

Utilizzare la Musica per la Gestione dello Stress: Quando ci si sente sopraffatti dallo stress, la musica può essere un potente strumento di rilassamento. Trovare brani con ritmi lenti e armonie rilassanti può contribuire a ridurre la tensione e a calmare la mente. Praticare la respirazione profonda e concentrarsi sulla musica può amplificare gli effetti benefici.

Coinvolgersi Attivamente nella Musica: Cantare, suonare uno strumento o ballare al ritmo della musica può aumentare l'interazione personale con essa, potenziando l'effetto terapeutico. Anche partecipare a corsi di musica o di danza può essere un modo meraviglioso per immergersi completamente nell'esperienza musicale.

Momenti di Mindfulness con la Musica: Dedica del tempo esclusivamente alla musica in modo consapevole, concentrandoti solo su di essa. Ascolta attentamente i dettagli musicali, concentrandoti sui suoni, sulle armonie e sulle emozioni che la musica evoca. Questo momento di attenzione focalizzata può portare pace e calma interiore.

Musica come Compagna nelle Attività quotidiane: Utilizzare la musica come compagna nelle attività quotidiane, come ascoltarla durante la guida, durante la pulizia della casa o durante il lavoro. Questo può trasformare momenti ordinari in esperienze più piacevoli e può anche aumentare la concentrazione e la produttività.

Condivisione della Musica con gli Altri: Condividere la tua passione per la musica con amici e familiari può creare legami più profondi. Organizzare sessioni di ascolto condiviso o condividere le tue playlist preferite può portare gioia e connessione attraverso l'amore per la musica.

Spero che questi consigli pratici ti ispirino a sfruttare appieno il potere della musica per il tuo benessere personale!

Capitolo 7: Terapie Musicali Alternative

Nel vasto panorama della salute e del benessere, questo capitolo si propone di esplorare un universo di approcci innovativi e affascinanti verso il potere terapeutico della musica. Attraverso un viaggio emozionante, ci immergeremo in terapie musicali alternative, offrendo uno sguardo profondo e stimolante su modalità di guarigione che vanno al di là dei tradizionali protocolli medici.

Scopriremo le sfumature della musicoterapia, esplorando tecniche creative e approcci personalizzati che si adattano alle esigenze individuali. Questo viaggio ci condurrà in un mondo di suoni e ritmi curativi, dove la musica diventa il veicolo per superare limiti fisici, emotivi e mentali.

Da pratiche millenarie a metodologie moderne, esploreremo le molteplici forme di terapie basate sulla musica, aprendo le porte a strumenti e pratiche spesso trascurate o poco conosciute. Scopriremo come la musica possa essere una chiave per sbloccare il potenziale di guarigione del corpo e della mente, offrendo una prospettiva nuova e stimolante su ciò che significa veramente guarire attraverso il potente linguaggio della musica.

7.1 Musicoterapia: Tecniche e Approcci Innovativi

La musicoterapia rappresenta un universo vibrante di connessioni umane e sonore, un mondo in cui le melodie diventano strumenti terapeutici, intrecciando ritmi e suoni per curare e nutrire l'anima. Questo ambito rivoluzionario si nutre di una vasta gamma di tecniche e approcci innovativi che fioriscono come un giardino melodico, offrendo un mosaico di strumenti e pratiche mirate a svelare il potenziale terapeutico della musica.

In questo regno di esplorazione emotiva, le tecniche si sviluppano attraverso l'uso mirato di strumenti musicali, creando armonie che risuonano con i bisogni individuali. Sia che si tratti di improvvisazione libera, in cui la musica si trasforma in un linguaggio senza parole, o di composizioni strutturate pensate per risvegliare specifiche emozioni, la varietà di approcci della musicoterapia abbraccia ogni sfaccettatura dell'esperienza umana.

L'innovazione è tessuta nell'integrazione della tecnologia moderna, che amplifica il potere della musica come mezzo di guarigione. Dall'uso di strumenti digitali alla creazione di playlist personalizzate, la musicoterapia si evolve costantemente per adattarsi alle esigenze e ai progressi del mondo contemporaneo, aprendo nuove strade verso la guarigione e il benessere.

Inoltre, l'approccio alla musicoterapia non è solo limitato all'ascolto passivo o alla creazione musicale, ma si estende all'esplorazione dei movimenti corporei sincronizzati con la musica, attraverso la danza e la stimolazione multisensoriale. Questa sinergia tra suono e movimento svela nuove prospettive nella terapia, coinvolgendo il corpo nella danza armoniosa della guarigione.

In sintesi, la musicoterapia si erge come un vasto paesaggio sonoro di possibilità terapeutiche, con tecniche e approcci innovativi che aprono porte verso la guarigione, la comprensione emotiva e la crescita personale, offrendo un viaggio unico e avvincente nell'armonia della mente, del corpo e dell'anima.

7.2 Utilizzo della Musica in Pratiche Alternative di Guarigione

L'utilizzo della musica come strumento di guarigione e benessere ha radici profonde nella storia umana. Le pratiche alternative di guarigione spesso incorporano la musica come elemento fondamentale per ripristinare l'equilibrio mentale, fisico e spirituale delle persone. Questa forma di terapia, conosciuta come musicoterapia, ha dimostrato di avere un impatto significativo sulla salute e sul processo di guarigione.

La musicoterapia abbraccia una vasta gamma di approcci che coinvolgono la musica in contesti terapeutici. Essa si adatta alle esigenze individuali, offrendo un trattamento personalizzato che può essere utilizzato sia come terapia autonoma che in aggiunta ad altre forme di trattamento. Gli esperti in musicoterapia utilizzano la musica in molteplici modi, come la composizione, l'ascolto guidato, l'improvvisazione e la danza, creando esperienze su misura per le esigenze specifiche dei pazienti.

Una delle sue applicazioni più evidenti è nell'ambito della salute mentale. La musica offre una via per esprimere emozioni complesse e spesso inesprimibili a parole. Attraverso la selezione accurata di brani musicali, i terapeuti possono aiutare i pazienti a esplorare sentimenti di ansia, depressione o stress, offrendo un'opportunità per esplorare e affrontare tali emozioni in un ambiente sicuro e confortevole.

Inoltre, la musica è stata integrata nei trattamenti per disturbi neurologici come l'Alzheimer e il Parkinson. Studi hanno dimostrato che l'ascolto di brani musicali familiari può portare benefici significativi, stimolando la memoria, migliorando il tono muscolare e riducendo l'ansia associata a queste condizioni.

Nel contesto della guarigione fisica, la musica viene impiegata come complemento alle terapie tradizionali. Durante la riabilitazione, ad esempio, la musica può essere utilizzata per motivare i pazienti durante gli esercizi, incoraggiando il movimento e la partecipazione attiva. La sincronizzazione del ritmo musicale con i movimenti corporei può migliorare la coordinazione e favorire una maggiore resistenza fisica.

La musica agisce anche come catalizzatore per la riduzione dello stress e il miglioramento del benessere generale. Le melodie rilassanti, i suoni naturali e le composizioni specifiche possono indurre uno stato di calma e tranquillità, riducendo la pressione sanguigna, abbassando il livello di stress ormonale e migliorando la qualità del sonno.

Ciò che rende la musica così efficace come strumento terapeutico è la sua universalità e la sua capacità di connettersi direttamente alle emozioni umane. Essa supera le barriere linguistiche e culturali, toccando corde emotive comuni in tutti noi. La sua versatilità consente ai terapeuti di adattare le sessioni di musicoterapia a una vasta gamma di individui, indipendentemente dalle loro esperienze o contesti culturali.

In conclusione, l'utilizzo della musica nelle pratiche alternative di guarigione ha dimostrato di essere un'aggiunta preziosa e potente al panorama terapeutico. La sua capacità di influenzare positivamente la salute mentale, fisica e emotiva delle persone la rende una risorsa inestimabile nella promozione del benessere complessivo. La continua ricerca e l'espansione delle sue applicazioni mostrano un futuro luminoso per la musicoterapia, offrendo opportunità di guarigione e di crescita a coloro che ne traggono beneficio.

Capitolo 8: Ritmo e Cervello: Il Collegamento Neurologico

Il Capitolo 8 si immerge in un affascinante viaggio nel mondo della neurologia musicale, esplorando il profondo legame tra il ritmo della musica e il funzionamento del cervello umano.

La musica ha un impatto profondo sulla nostra mente e sul nostro cervello, e questo capitolo si propone di svelare i misteri di questa connessione. Gli esperti hanno scoperto che quando ascoltiamo la musica, il cervello si illumina come un concerto di luci. Il ritmo, in particolare, gioca un ruolo fondamentale in questa sinfonia neuronale. Il capitolo delinea come il cervello interpreta e risponde al ritmo, svelando i segreti della sua incantevole influenza sulla nostra percezione, sul movimento e persino sulle nostre emozioni.

Le ricerche hanno dimostrato che il ritmo musicale attiva diverse aree del cervello coinvolte nel controllo motorio e nella coordinazione. Osservando le scansioni cerebrali, gli scienziati hanno identificato come il ritmo musicale possa sincronizzare le attività neuronali, stimolando la produzione di neurotrasmettitori legati al piacere e all'emozione. Questa sincronizzazione neurale potrebbe spiegare perché il ritmo incalzante di una canzone ci fa muovere istintivamente o perché una ballata lenta può calmare l'anima.

Il capitolo delinea anche l'effetto del ritmo sulla memoria e sull'apprendimento. Studi hanno dimostrato che l'esposizione costante a ritmi musicali può migliorare la capacità di apprendimento e la memoria a lungo termine. I ritmi ben strutturati possono servire da guida per l'organizzazione delle informazioni nel cervello, facilitando così il processo di memorizzazione e apprendimento.

Inoltre, esplora come il ritmo musicale possa essere impiegato come una forma di terapia per disturbi neurologici. La musicoterapia ritmica viene utilizzata in pazienti affetti da Parkinson o da lesioni cerebrali, dove il ritmo della musica aiuta a migliorare la coordinazione e la mobilità. È stato osservato che la sincronizzazione con un ritmo esterno può ridurre i tremori e migliorare il controllo motorio, offrendo una nuova via terapeutica per migliorare la qualità della vita di coloro che soffrono di tali condizioni.

Infine, il capitolo esplora le implicazioni di questa connessione ritmica per la creazione musicale e l'innovazione. Compositori e musicisti spesso giocano con i ritmi in modi creativi, sfruttando la loro complessità per suscitare emozioni e coinvolgere l'ascoltatore in un viaggio sensoriale unico.

8.1 Analisi Neuroscientifiche sull'Effetto della Musica sul Cervello

Le analisi neuroscientifiche sull'effetto della musica sul cervello hanno scoperto un universo di connessioni straordinarie tra il potere melodico e il nostro organo più complesso. Il cervello umano, in tutta la sua meravigliosa intricata rete di neuroni e sinapsi, rivela una suscettibilità unica alla musica, suscitando una serie di risposte che svelano l'impatto profondo di quest'arte sul nostro essere.

Iniziamo col comprendere come il cervello reagisce alla musica. Le neuroscienze hanno dimostrato che quando siamo immersi in una melodia coinvolgente, diverse regioni del cervello entrano in gioco simultaneamente. L'udito, naturalmente, costituisce la porta d'ingresso: le onde sonore vengono percepite dall'orecchio e trasmesse al cervello per il riconoscimento e l'interpretazione. Ma l'esperienza musicale coinvolge molto di più.

Una delle aree centrali coinvolte è il cervello limbico, sede delle emozioni. La musica è nota per il suo potere di suscitare reazioni emotive intense, e ciò è dimostrato da come il sistema limbico reagisce a note e ritmi. I neuroscienziati hanno identificato che la musica attiva specifiche regioni limbiche coinvolte nel processo emotivo, generando sensazioni di gioia, nostalgia, eccitazione o persino tristezza profonda.

Altrettanto significativa è l'attivazione della corteccia prefrontale, responsabile dell'elaborazione cognitiva superiore. Qui la musica stimola la creatività, migliora la concentrazione e può persino favorire processi decisionali più chiari e rapidi. L'esperienza musicale potenzia le capacità cognitive, supportando la memoria e facilitando il ragionamento complesso.

Ma forse uno degli aspetti più affascinanti è la plasticità neurale, la capacità del cervello di adattarsi e cambiare in risposta all'esperienza. Studi hanno dimostrato che gli studenti di musica sviluppano connessioni neurali più forti e complesse, e gli esecutori di strumenti musicali mostrano un aumento della materia grigia in diverse regioni cerebrali coinvolte nell'udito, nel controllo motorio e nell'elaborazione delle emozioni.

La musica non influisce solo sulla struttura del cervello, ma può anche essere un valido strumento terapeutico. La musicoterapia, infatti, sfrutta le proprietà terapeutiche della musica per trattare disturbi come l'ansia, la depressione o persino per aiutare pazienti con disturbi neurologici come l'Alzheimer o il Parkinson. Attraverso l'uso mirato della musica, si può favorire il recupero, migliorare il tono dell'umore e persino incrementare la qualità della vita. Inoltre, l'effetto della musica sulla chimica cerebrale è notevole. Durante l'ascolto di brani piacevoli, il cervello rilascia dopamina, il neurotrasmettitore associato al piacere e al benessere. Questo meccanismo neurochimico spiega in parte perché la musica può essere così coinvolgente ed emotivamente gratificante.

Nonostante tutto ciò, le risposte neurali alla musica variano ampiamente da individuo a individuo, suggerendo una componente di soggettività nell'esperienza musicale. Ciò che suscita emozioni intense in una persona potrebbe non avere lo stesso impatto su un'altra. La diversità delle reazioni può dipendere da fattori culturali, personali o persino genetiche.

In conclusione, le analisi neuroscientifiche sull'effetto della musica sul cervello hanno aperto uno straordinario mondo di comprensione. Queste ricerche dimostrano che la musica è più di un semplice intrattenimento; è un linguaggio universale che dialoga con il nostro cervello in modi intricati e sorprendenti. La sua capacità di suscitare emozioni, influenzare la struttura e la funzione cerebrale e persino agire come strumento terapeutico ne fa un'arte unica nel suo potenziale di impatto sulla nostra vita quotidiana e sulla nostra salute mentale e emotiva.

8.2 Musica e Plasticità Neurale: Implicazioni per la Salute Mentale

La relazione tra musica e plasticità neurale ha suscitato un profondo interesse negli ultimi anni, poiché gli studiosi cercano di comprendere come la musica influenzi la mente e il cervello umano. La plasticità neurale, la capacità del cervello di adattarsi e cambiare in risposta a nuove esperienze, svolge un ruolo chiave in questo rapporto, poiché la musica ha dimostrato di poter modulare l'attività cerebrale in modi sorprendenti, con implicazioni significative per la salute mentale.

Numerosi studi hanno evidenziato che l'esposizione alla musica può provocare cambiamenti rilevanti nella plasticità neurale. La musica stimola diverse aree del cervello coinvolte nella percezione uditiva, nell'emozione, nella memoria e persino nel movimento. Ad esempio, durante l'ascolto attivo di musica, si osserva un aumento dell'attività in regioni come il lobo temporale, coinvolto nella percezione uditiva, e l'area motoria, collegata al movimento e al ritmo.

La plasticità neurale indotta dalla musica ha importanti implicazioni per la salute mentale. Studi hanno suggerito che la pratica musicale regolare può migliorare le capacità cognitive, come l'attenzione, la memoria e le abilità linguistiche. Questo potrebbe avere un impatto significativo su individui affetti da disturbi cognitivi o declino legato all'età, offrendo un approccio non farmacologico per migliorare le funzioni cognitive. Inoltre, la musica è stata associata a benefici per la salute emotiva. Si è scoperto che l'ascolto di musica piacevole stimola la produzione di neurotrasmettitori legati al piacere e al benessere, come la dopamina, contribuendo a ridurre lo stress, l'ansia e migliorando l'umore. Questi effetti possono essere particolarmente significativi per coloro che affrontano disturbi d'ansia, depressione o stress cronico. La plasticità neurale indotta dalla musica può anche svolgere un ruolo fondamentale nella terapia e nella riabilitazione. La musicoterapia, ad esempio, sfrutta la capacità della musica di influenzare la plasticità del cervello per trattare una vasta gamma di condizioni, tra cui disturbi dello sviluppo, lesioni cerebrali traumatiche e disturbi psicologici. Attraverso l'uso mirato della musica, questa forma di terapia può migliorare le funzioni cognitive, motorie e emotive, facilitando il recupero e la riabilitazione. Inoltre, la plasticità neurale legata alla musica ha dimostrato di essere un terreno fertile per la ricerca di nuove modalità di trattamento. Studi clinici stanno esplorando l'uso della musica nella gestione del dolore cronico, nella stimolazione cognitiva per pazienti affetti da demenza e nella promozione del benessere mentale generale. Tuttavia, mentre l'impatto positivo della musica sulla plasticità neurale è evidente, è importante considerare che le risposte al trattamento musicale possono variare da individuo a individuo. Il contesto personale, le preferenze musicali e la suscettibilità individuale possono influenzare l'efficacia della musica come intervento terapeutico.

In conclusione, la relazione tra musica e plasticità neurale offre prospettive promettenti per migliorare la salute mentale. La capacità della musica di modulare l'attività cerebrale e influenzare la plasticità neurale suggerisce un potenziale significativo nell'affrontare una vasta gamma di sfide legate alla salute mentale, offrendo vie innovative per la terapia, la riabilitazione e il miglioramento complessivo del benessere mentale delle persone.

Capitolo 9: Melodie della Terapia Personale

In questo capitolo si delinea un paesaggio emozionale dove la musica diviene una chiave preziosa per l'auto-guarigione e il benessere emotivo individuale. Questo capitolo esplora approcci pratici e personalizzati alla terapia musicale, offrendo strumenti e suggerimenti per creare playlist mirate e sfruttare il potere della musica nel gestire lo stress, alleviare le tensioni emotive e promuovere il benessere interiore. La musica è da sempre stata una compagna fidata nelle sfide della vita quotidiana. Tuttavia, la sua efficacia come strumento terapeutico personale è un territorio ancora inesplorato per molti. Questo capitolo si propone di aprire le porte a un nuovo modo di percepire la musica, non solo come piacere uditivo, ma come medicina per l'anima.

La personalizzazione è la chiave della terapia musicale individuale. L'idea centrale è creare playlist adattate alle esigenze emotive e psicologiche di ciascuno. Gli esperti in musicoterapia raccomandano di selezionare brani che evocano sensazioni positive, ricordi felici o che stimolino la calma e la concentrazione. La creazione di queste playlist diventa un atto di auto-scoperta, una ricerca delle tracce sonore che risuonano più profondamente con l'animo di ciascuno.

La musica ha il potere di agire come un catalizzatore emotivo. Può accendere la gioia in momenti di tristezza, calmare l'ansia e generare un senso di pace interiore. Tuttavia, la scelta dei brani non è universale: ciò che risuona con una persona potrebbe non avere lo stesso effetto su un'altra. È per questo che la personalizzazione è fondamentale.

Le playlist personali diventano, quindi, un'arte terapeutica, una forma di auto-cura attraverso la selezione accurata di melodie e ritmi. Brani strumentali rilassanti possono fungere da colonna sonora per momenti di meditazione e rilassamento, mentre canzoni con testi ispiranti possono sollevare lo spirito e fornire motivazione in momenti di sfida.

Oltre alla selezione dei brani, la pratica dell'ascolto consapevole è un altro punto focale. Si incoraggia a immergersi completamente nella musica, a lasciare che le note permeino l'anima, a respirare con il ritmo e a lasciarsi trasportare dalle emozioni che emergono. Questo atteggiamento di consapevolezza durante l'ascolto intensifica l'impatto della musica sulla sfera emotiva e psicologica.

La terapia musicale personale è un processo in continua evoluzione. Le playlist possono cambiare con il tempo, adattandosi alle nuove sfide o alle diverse fasi della vita. È un viaggio intimo di auto-esplorazione che, attraverso la musica, apre porte alla comprensione di sé stessi, aiutando a gestire lo stress, a lenire le ferite emotive e a nutrire la parte più profonda dell'essere.

In conclusione, il capitolo 16 di "Note Intime: Il Potere Terapeutico della Musica" si presenta come una guida personale alla creazione di un arsenale musicale per il benessere individuale. Invita a esplorare il vasto mondo della musica, ad ascoltare con consapevolezza e a scoprire le melodie che agiscono come elisir per la mente, il cuore e lo spirito. È un invito a una danza personale con le note, una terapia su misura per nutrire l'anima e guarire le ferite invisibili.

9.1 Strategie di Auto-Terapia basate sulla Musica

Le strategie di auto-terapia basate sulla musica offrono un potente strumento per il benessere emotivo e la gestione dello stress quotidiano. La musica, con la sua capacità unica di influenzare le emozioni e lo stato d'animo, può essere impiegata in modo intenzionale per favorire il sollievo e l'equilibrio interiore.

L'Arte della Creazione di Playlist Personalizzate

Una delle strategie più efficaci è la creazione di playlist personalizzate. Questo processo coinvolge la selezione attenta di brani musicali che evocano emozioni positive o rilassamento. Le playlist possono essere create per scopi specifici: una per rilassarsi alla fine di una giornata frenetica, un'altra per ottenere energia durante l'allenamento o persino una per favorire la concentrazione durante lo studio o il lavoro.

La scelta dei brani è cruciale. Brani dalle melodie rilassanti, con ritmi lenti e armonie rassicuranti, come musica classica, ambient o lo-fi, possono aiutare a ridurre lo stress e a promuovere la calma. Al contrario, per aumentare l'energia e la motivazione, si possono selezionare brani con ritmi più veloci e testi ispiranti, come musica pop o rock energico.

Utilizzo della Musica per la Gestione delle Emozioni

La musica può essere un valido compagno nelle situazioni in cui è necessario regolare le emozioni. Se ci si sente ansiosi o giù di morale, ascoltare canzoni che riflettono le emozioni vissute può offrire un modo per esprimere e affrontare tali sentimenti. Questo processo di identificazione emotiva può favorire un senso di comprensione e accettazione, contribuendo a superare gli stati d'animo negativi.

Esplorare la Musica come Mezzo di Meditazione e Rilassamento

Molte persone trovano nella musica un supporto durante la pratica della meditazione o del rilassamento. La ricerca di brani strumentali, come musica ambient, new age o suoni naturali, può facilitare un profondo rilassamento e favorire una connessione più profonda con se stessi. Concentrandosi sui suoni e sul ritmo, è possibile centrare l'attenzione sul momento presente, riducendo lo stress e promuovendo un senso di tranquillità interiore.

Coinvolgere attivamente con la Musica: Danza e Movimento

Muoversi a ritmo di musica è un'ottima forma di espressione emotiva e fisica. La danza o semplici movimenti corporei coordinati con la musica possono aiutare a liberare tensioni accumulate nel corpo, oltre a essere un modo divertente per migliorare l'umore. Non è necessario essere esperti ballerini; basta lasciarsi trasportare dalla musica e permettere al corpo di muoversi liberamente, esplorando la gioia del movimento in armonia con il ritmo.

Integrazione della Musica nella Routine quotidiana

Un aspetto fondamentale delle strategie di auto-terapia basate sulla musica è l'integrazione della musica nella routine quotidiana. Ascoltare musica durante le attività domestiche, durante il tragitto casa-lavoro o prima di coricarsi può contribuire a mantenere uno stato emotivo positivo e a ridurre lo stress accumulato durante la giornata.

In conclusione, le strategie di auto-
terapia basate sulla musica offrono
un'opportunità accessibile e potente
per migliorare il benessere emotivo e
gestire lo stress. La consapevolezza
nell'utilizzo della musica come
strumento terapeutico personale
consente di sfruttarne appieno il
potenziale, offrendo un modo semplice
ed efficace per promuovere l'equilibrio
e il benessere interiore.

9,2 Creazione di Playlist Personalizzate per la Gestione dello Stress e delle Emozioni

La creazione di playlist personalizzate
è un'arte terapeutica che consente di
plasmare un mondo sonoro intimo, in
grado di alleviare lo stress e guidare
attraverso un flusso emotivo. La
musica, con la sua potente capacità di
influenzare il nostro stato d'animo,

diventa un alleato prezioso nel perseguire il benessere emotivo.

Le playlist personalizzate per la gestione dello stress e delle emozioni fungono da compagno di viaggio emotivo, offrendo un rifugio sicuro attraverso note e melodie. Queste raccolte sonore sono una combinazione sinergica di brani attentamente selezionati, ciascuno con il proprio potere di trasmettere sensazioni, calmare l'anima o sollevare lo spirito.

Per iniziare a creare una playlist terapeutica, occorre innanzitutto comprendere le proprie emozioni e il contesto in cui si desidera utilizzare questa playlist. La musica può essere un rifugio quando si è stressati, un conforto quando si è tristi o un'energia positiva quando si è giù di morale.

La prima fase consiste nell'identificare i generi musicali o gli artisti che risuonano con le emozioni desiderate. Brani tranquilli e melodici possono essere scelti per momenti di rilassamento, mentre ritmi più vivaci e ottimisti possono sollevare lo spirito in momenti di tristezza o stanchezza emotiva.

Un elemento cruciale nella creazione di una playlist terapeutica è l'associazione personale che si crea con le canzoni. Brani legati a momenti felici, ricordi positivi o esperienze significative hanno un impatto emotivo profondo e possono essere incorporati nella playlist per ricreare quelle sensazioni positive.

La struttura della playlist è altrettanto importante. Un inizio graduale con brani rilassanti può preparare il terreno per una transizione verso melodie più vivaci e motivanti, creando così un percorso emotivo all'interno della playlist.

Tuttavia, la chiave di una playlist terapeutica efficace è la sua adattabilità. Le emozioni sono mutevoli e la playlist deve essere flessibile, in grado di adattarsi alle mutevoli esigenze emotive. Aggiungere nuovi brani o modificare l'ordine della playlist in base alle necessità del momento è fondamentale per mantenerla sempre rilevante e utile.

Inoltre, l'ascolto attivo è cruciale per sfruttare appieno il potere terapeutico della musica. Concentrarsi sulle sensazioni che la musica evoca, respirare profondamente e permettersi di essere immersi completamente nel flusso musicale può amplificare l'effetto calmante e rilassante della playlist.

La creazione di una playlist personalizzata per la gestione dello stress e delle emozioni è un atto di autocompassione e cura di sé. È un'opportunità per connettersi profondamente con la propria sfera emotiva, sfruttando la musica come strumento di guarigione e supporto emotivo.

Infine, condividere questa playlist con altre persone può creare un ponte emozionale, consentendo loro di sperimentare anche loro il potere curativo della musica. Con la giusta selezione di brani che risuonano con le emozioni, una playlist può diventare un regalo prezioso, capace di illuminare le giornate e accompagnare nei momenti di necessità.

In conclusione, la creazione di playlist personalizzate per la gestione dello stress e delle emozioni è un'arte che unisce l'ascolto consapevole, l'autoriflessione e il potere terapeutico della musica. È un viaggio emotivo guidato dalle melodie, un'esperienza di auto-esplorazione e guarigione che può nutrire l'anima in modo unico e profondo.

Capitolo 10: Musica e Sonno: L'Armonia per il Riposo

Esploriamo in profondità come la musica possa diventare un alleato prezioso per migliorare la qualità del sonno e affrontare disturbi del riposo come l'insonnia.

Il sonno è un pilastro fondamentale della nostra salute mentale e fisica. La musica, con la sua capacità di modulare emozioni e stati d'animo, si è rivelata un'arma potente nel favorire il relax e l'induzione del sonno. Ricerche scientifiche hanno evidenziato che l'ascolto di determinati generi musicali o brani con ritmi specifici può influenzare positivamente la qualità e la durata del sonno.

Gli studiosi hanno osservato che la scelta della musica per favorire il sonno dipende dalle preferenze personali e dalla risposta individuale agli stimoli musicali. Brani con ritmi lenti, melodie rilassanti e un'atmosfera tranquilla tendono a favorire un ambiente mentale calmo e ad agevolare l'addormentamento. Dall'ambient alla musica classica, dalle melodie acustiche alle composizioni appositamente create per il sonno, l'ampia gamma di scelte consente a ciascuno di trovare la propria colonna sonora per il riposo.

Ma non è solo la scelta della musica che conta: il momento dell'ascolto è altrettanto cruciale. Le pratiche di ascolto mirate prima di coricarsi possono preparare il corpo e la mente al sonno, contribuendo a creare un rituale di rilassamento che segnala al cervello l'arrivo del momento di dormire. La regolarità e la coerenza nell'ascolto possono stabilire un'associazione mentale tra la musica e la fase di dormiveglia, aiutando a creare un ambiente sonoro confortante e familiare che promuove la tranquillità.

Inoltre, la musica durante il sonno può agire come un fattore stabilizzante, riducendo i risvegli notturni e migliorando la qualità del riposo. Le composizioni studiate appositamente per accompagnare le fasi del sonno profondo e REM possono contribuire a mantenere un flusso sonoro costante che facilita un sonno più profondo e rigenerante.

Questo capitolo esplora anche l'effetto della musica sulla riduzione dello stress e dell'ansia, fattori che spesso ostacolano un sonno tranquillo. La musica, agendo come un'ancora emotiva, può lenire la mente e distogliere l'attenzione dai pensieri negativi o dalle preoccupazioni, creando un ambiente interno più sereno e propizio al sonno.

Infine, l'uso della musica come strumento di gestione dei disturbi del sonno è in costante evoluzione. Approcci innovativi, come le playlist personalizzate o le applicazioni che combinano suoni ambientali e musicali

per adattarsi alle esigenze individuali, stanno emergendo come risorse preziose per coloro che lottano con disturbi del sonno.

In conclusione, il capitolo offre una panoramica completa sul legame tra musica e sonno, sottolineando il potenziale terapeutico della musica nel favorire un riposo rigenerante e nel promuovere una migliore salute mentale attraverso la bellezza delle melodie e dei ritmi che accompagnano il nostro sonno.

10.1 Applicazioni della Musica per la Gestione dell'Insonnia e dei Disturbi del Sonno

La musica ha dimostrato un'incredibile efficacia nel lenire le turbolenze del sonno e nel mitigare i disturbi legati all'insonnia, offrendo un'alternativa non farmacologica e rilassante per migliorare la qualità del riposo notturno.

L'insonnia e i disturbi del sonno sono problematiche diffuse, influenzate da molteplici fattori quali stress, ansia, ritmi circadiani alterati o condizioni di salute mentale. L'approccio tradizionale con farmaci può comportare dipendenza o effetti collaterali indesiderati, spingendo sempre più persone a cercare soluzioni naturali. La musica, in questo contesto, si rivela un rimedio accessibile ed efficace.

Numerosi studi hanno evidenziato come ascoltare musica rilassante prima di coricarsi possa calmare la mente e favorire un sonno più profondo e riposante. Melodie dolci, suoni naturali come il suono del mare o della pioggia, o composizioni ambient, possono agire come stimolo positivo sul sistema nervoso, riducendo l'attività cerebrale e inducendo uno stato di rilassamento. Questa riduzione del livello di attivazione mentale può favorire il passaggio graduale verso il sonno.

La scelta della musica è fondamentale: brani con un ritmo lento, senza picchi di volume o cambi improvvisi, sono consigliati per favorire un'atmosfera tranquilla e rilassante. La musica classica, ad esempio, è stata spesso lodata per le sue proprietà rilassanti, con compositori come Chopin, Debussy o Bach che offrono melodie serene e armoniose.

Le playlist personalizzate rappresentano un'opzione versatile e adattabile alle preferenze individuali. Ogni persona può creare la propria selezione di brani che inducano una sensazione di calma e benessere, aumentando la familiarità e il senso di comfort per favorire il sonno.

La musica può anche agire come una sorta di "rumore bianco" che maschera suoni ambientali disturbanti, come il traffico o rumori domestici, migliorando l'ambiente sonoro e aiutando a mantenere un sonno ininterrotto.

È importante sottolineare che, sebbene la musica possa essere un valido supporto per migliorare la qualità del sonno, potrebbe non essere una soluzione universale per tutti i casi di disturbi del sonno. È consigliabile consultare un professionista della salute per valutare l'origine del problema e individuare il trattamento più adatto.

Inoltre, le tecniche di rilassamento guidate dalla musica, come la respirazione profonda sincronizzata con i ritmi della musica stessa, possono contribuire a ridurre l'ansia e il disagio emotivo che spesso interferiscono con il sonno.

L'applicazione pratica di questa terapia musicale per la gestione dell'insonnia può essere integrata nella routine serale. Una pratica regolare, dove l'ascolto della musica diventa un rituale rilassante prima di coricarsi, può contribuire a creare un'associazione positiva tra la musica e il sonno, favorendo un ambiente mentale propizio al riposo.

In conclusione, l'uso della musica come strumento per gestire l'insonnia e i disturbi del sonno offre un approccio naturale e piacevole, promuovendo un sonno più ristoratore e contribuendo al

benessere generale della persona.
Integrare la musica nella routine
notturna può essere un passo
significativo verso un sonno più
tranquillo e rigenerante, migliorando la
qualità della vita quotidiana.

10.2 Applicazioni della Musica per la Gestione dell'Insonnia e dei Disturbi del Sonno

La musica è una forza straordinaria,
capace di toccare le corde più intime
dell'anima e, sorprendentemente, può
offrire sollievo a chi soffre di insonnia
e disturbi del sonno. In un mondo
sempre più affollato da stimoli e ansie,
la ricerca di rimedi naturali diventa
essenziale, e la musica si rivela un
alleato potente nella gestione di queste
problematiche.

L'insonnia e i disturbi del sonno
rappresentano una sfida significativa
per la salute e il benessere di milioni di

persone in tutto il mondo. La musica, con la sua capacità di influenzare lo stato emotivo e mentale, si è rivelata un'opzione terapeutica accessibile e efficace per favorire il sonno e migliorare la qualità della vita.

Innanzitutto, la musica agisce come un potente agente rilassante. Brani con ritmi lenti, melodie dolci e tonalità serene hanno dimostrato di ridurre l'ansia e il livello di stress, preparando il corpo e la mente per un sonno più profondo e riposante. La selezione accurata di musica classica, musica ambient e suoni della natura può fungere da ponte verso uno stato di rilassamento, inducendo gradualmente il sonno.

La chiave risiede nell'effetto calmante della musica sul sistema nervoso. L'ascolto di musica rilassante favorisce la produzione di endorfine, noti come "ormoni della felicità", riducendo così i livelli di cortisolo, l'ormone dello stress, che spesso è un ostacolo per un sonno tranquillo. Questa reazione fisiologica contribuisce a stabilizzare il ritmo cardiaco e la respirazione, preparando il corpo per un riposo rigenerante.

La terapia musicale può essere personalizzata in base alle preferenze individuali. Alcune persone trovano conforto nelle sonorità oceaniche, che ricreano la sensazione di calma e tranquillità. Altri preferiscono melodie soft di pianoforte o composizioni orchestrali che, con la loro armonia, possono allontanare i pensieri stressanti e favorire una calma interiore, facilitando così il sonno.

Le moderne tecnologie e le app dedicate alla musica per il sonno hanno reso più accessibile questa forma di terapia. Le playlist per il sonno, appositamente progettate, offrono una vasta gamma di brani e suoni studiati scientificamente per indurre il sonno. Alcune di queste applicazioni offrono anche funzionalità di monitoraggio del sonno, aiutando gli utenti a comprendere meglio i propri schemi di riposo e adottare abitudini più salutari.

Tuttavia, è importante sottolineare che la scelta della musica e l'approccio terapeutico possono variare da persona a persona. Ciò che funziona per qualcuno potrebbe non essere altrettanto efficace per un altro individuo. La sperimentazione e l'adattamento sono fondamentali per individuare i suoni e le melodie che meglio si adattano alle esigenze personali.

In conclusione, l'applicazione della musica per la gestione dell'insonnia e dei disturbi del sonno rappresenta una via naturale e accessibile per migliorare la qualità del riposo. La sua capacità di rilassare il corpo e la mente, riducendo lo stress e preparando il terreno per un sonno più profondo e rigenerante, rende la musica un'arma potente nella lotta contro questi disturbi del sonno sempre più diffusi nella società moderna.

Capitolo 11: Musica e Longevità: Il Segreto della Giovinezza Sonora

Il Capitolo 11 si addentra in un territorio affascinante e ricco di spunti di riflessione: il legame tra musica e longevità, esplorando come il potere della musica possa influenzare la salute fisica e mentale nel lungo termine, gettando luce sul segreto di una "giovinezza sonora".

La relazione tra la musica e la longevità ha suscitato un interesse crescente tra gli studiosi e i ricercatori. La domanda chiave è: può la musica contribuire a un invecchiamento più sano e prolungare la vita? Numerosi studi scientifici hanno dimostrato che l'ascolto e la pratica musicale possono avere impatti significativi sulla salute. La musica stimola non solo la mente, ma anche il corpo. Si è scoperto che la musica può influenzare positivamente la pressione sanguigna, la frequenza cardiaca e persino le funzioni cognitive nelle persone anziane. È come se le note melodiose agissero come un elisir vivificante per l'intero sistema.

Una delle chiavi della longevità potrebbe essere la capacità della musica di ridurre lo stress. Si è osservato che l'ascolto di musica rilassante può abbassare i livelli di cortisolo, l'ormone dello stress, contribuendo a mantenere il corpo e la mente in uno stato più equilibrato. Questo effetto può avere un impatto diretto sulla salute generale e sulla resistenza del corpo alle malattie legate allo stress.

La musica può anche esercitare un'influenza benefica sulla salute cerebrale. Attraverso la stimolazione cognitiva e emotiva che offre, la pratica musicale, anche in età avanzata, può preservare e migliorare le funzioni cognitive, rallentando così il declino cognitivo associato all'invecchiamento.

Inoltre, la musica favorisce l'attività sociale e l'interazione umana, elementi fondamentali per un invecchiamento sano. I gruppi musicali, i cori e le attività musicali di gruppo creano connessioni sociali significative che possono contribuire a una maggiore felicità e senso di appartenenza, elementi cruciali per il benessere a lungo termine.

Non solo l'ascolto, ma anche la pratica attiva della musica può essere un fattore chiave nella longevità. Imparare a suonare uno strumento in età adulta, ad esempio, può portare a un aumento della plasticità cerebrale, migliorando la coordinazione, la memoria e la concentrazione.

Inoltre, la musica può essere un catalizzatore per uno stile di vita sano. È stata dimostrata la sua capacità di incoraggiare l'attività fisica, poiché molte persone trovano motivazione nell'ascolto di musica durante l'esercizio, contribuendo così a mantenere un corpo più attivo e sano nel tempo.

L'esperienza musicale può diventare una fonte di gioia e di positività che permea l'intera esistenza, migliorando la qualità della vita e forse allungandola. Quindi, il segreto di una "giovinezza sonora" potrebbe risiedere nel potere trasformativo e curativo della musica, che dona vitalità e sostegno lungo il percorso della vita.

In conclusione, il capitolo sulla "Musica e Longevità" delinea un panorama affascinante di come la musica possa influenzare in modo significativo la nostra longevità e il benessere generale. È un richiamo a esplorare la musica non solo come forma d'arte, ma come alleata preziosa per una vita più lunga, più sana e più piena di vitalità.

11.1 Impatto della Musica sulla Salute Fisica e Mentale nel Lungo Termine

La musica ha un impatto profondo e

duraturo sulla salute, influenzando sia il benessere fisico che quello mentale nel lungo termine. Questo connubio armonico tra melodia e salute è stato oggetto di numerosi studi, rivelando un potere trasformativo che si estende attraverso gli anni, plasmando la nostra vita in modi sorprendenti.

La relazione tra musica e salute fisica nel lungo termine è affascinante. Ricerca dopo ricerca ha evidenziato come l'ascolto regolare di musica possa avere effetti positivi sul corpo nel corso del tempo. Le melodie possono agire come un tonico per il sistema cardiovascolare, riducendo lo stress e la pressione sanguigna. Studi scientifici hanno dimostrato che l'ascolto di brani rilassanti può favorire la dilatazione dei vasi sanguigni, migliorando così la circolazione e contribuendo a una salute cardiaca ottimale nel corso degli anni.

Inoltre, la musica può giocare un ruolo cruciale nella gestione del dolore cronico. Attraverso la stimolazione sensoriale e emotiva, la musica può agire come un'ancora emotiva, aiutando le persone a sopportare e gestire meglio il dolore nel lungo termine. Alcuni studi hanno dimostrato che l'ascolto di brani preferiti o rilassanti può ridurre la percezione del dolore e persino la necessità di farmaci analgesici in determinate circostanze.

Il legame tra musica e salute mentale nel lungo termine è altrettanto significativo. La musica, con la sua capacità di evocare emozioni profonde, può influenzare positivamente il nostro stato emotivo nel corso degli anni. Ascoltare generi musicali che ci piacciono può aumentare i livelli di dopamina nel cervello, il neurotrasmettitore associato al piacere e al benessere, contribuendo a mantenere uno stato mentale positivo nel tempo.

Un aspetto cruciale è l'uso terapeutico della musica nel trattamento di disturbi mentali come depressione e ansia. La terapia musicale nel lungo periodo può essere una parte integrante di programmi di gestione della salute mentale, offrendo un'alternativa non farmacologica che supporta la salute emotiva nel tempo. Attraverso la creazione di playlist personalizzate o la partecipazione a sessioni di musicoterapia, le persone possono sperimentare benefici duraturi nella gestione dei disturbi psicologici.

Inoltre, la pratica di suonare uno strumento musicale nel lungo termine può avere effetti straordinari sulla salute mentale. Imparare e suonare uno strumento stimola diverse aree del cervello, promuovendo la plasticità cerebrale e mantenendo agili le funzioni cognitive nel corso degli anni. Questo può contribuire a preservare la salute mentale e a prevenire il deterioramento cognitivo legato all'età.

La musica non è solo un compagno di vita, ma può diventare una risorsa preziosa nel mantenere e migliorare la salute fisica e mentale nel corso del tempo. Integrare la musica nelle nostre vite, che sia attraverso l'ascolto attivo, la pratica strumentale o la partecipazione a sessioni di terapia musicale, può rappresentare un investimento nel nostro benessere a lungo termine.

In conclusione, l'impatto della musica sulla salute fisica e mentale nel lungo termine è profondo e diversificato. Le sue vibrazioni attraversano le nostre vite, plasmando la nostra salute e il nostro benessere in modi sorprendenti e duraturi. Sfruttare il potere terapeutico della musica può essere una risorsa preziosa per preservare e migliorare la nostra qualità di vita nel corso degli anni.

11.2 Studi sull'Influenza della Musica sull'Invecchiamento e sulla Longevità

La musica, con la sua potente capacità di toccare le corde dell'anima, non conosce confini generazionali.

In effetti, recenti studi scientifici hanno iniziato a esplorare l'interessante connessione tra la musica e il processo di invecchiamento, rivelando un potenziale impatto positivo sulla longevità e sul benessere degli individui.

La ricerca ha scoperto che l'esposizione costante e l'interazione con la musica possono giocare un ruolo significativo nel rallentare il declino cognitivo tipico dell'invecchiamento. Uno studio condotto presso l'Università di Helsinki ha evidenziato che l'apprendimento musicale praticato durante tutta la vita può avere un impatto positivo sul cervello degli anziani, contribuendo a mantenere intatte alcune funzioni cognitive.

La musica, infatti, coinvolge diverse regioni cerebrali, stimolando la memoria, l'attenzione e le capacità di apprendimento. Si è scoperto che la pratica di suonare uno strumento musicale o l'ascolto attivo di musica stimolante possono aiutare a mantenere il cervello attivo e flessibile anche in età avanzata, contrastando il declino cognitivo.

Inoltre, la musica ha dimostrato di avere un impatto positivo sull'umore e sul benessere emotivo delle persone anziane. Studi condotti presso istituti di ricerca come il National Institute on Aging hanno evidenziato che l'ascolto di musica preferita può contribuire a ridurre lo stress, l'ansia e la sensazione di solitudine negli anziani, migliorando così la qualità della loro vita.

La connessione tra musica e longevità non si limita solo agli effetti cognitivi ed emotivi. Alcuni esperti sostengono che l'ascolto regolare di musica può influenzare positivamente la salute fisica degli anziani. La musica può agire come un potente riduttore dello stress, contribuendo indirettamente a una migliore gestione di condizioni mediche associate all'età, come ipertensione, disturbi cardiaci e disturbi del sonno. Uno studio condotto dall'American Music Therapy Association ha evidenziato che la musicoterapia, che coinvolge l'ascolto o la creazione di musica guidata da un terapista, può portare a miglioramenti significativi nella mobilità e nella coordinazione motoria degli anziani, aiutandoli a mantenere un livello di attività fisica che favorisce la salute generale.

Inoltre, la musica ha dimostrato di poter essere un catalizzatore sociale tra gli anziani, creando connessioni emotive e stimolando l'interazione sociale. Gruppi che condividono la passione per la musica possono formare legami più forti e sperimentare una maggiore sensazione di comunità, contrastando così eventuali sentimenti di isolamento.

Tuttavia, è importante sottolineare che gli effetti positivi della musica sull'invecchiamento dipendono anche dalla preferenza individuale e dall'esperienza personale con essa. Non tutte le persone rispondono allo stesso modo alla musica, e quindi è cruciale considerare le preferenze individuali durante l'applicazione di interventi musicali in contesti di cura per gli anziani.

In conclusione, gli studi sull'effetto della musica sull'invecchiamento e sulla longevità offrono un quadro affascinante delle molteplici modalità con cui la musica può migliorare la qualità della vita degli anziani. Queste ricerche rappresentano un passo avanti nel riconoscere il potenziale della musica non solo come forma di intrattenimento, ma anche come strumento terapeutico e di sostegno per la salute e il benessere delle persone anziane.

Capitolo 12: Musica e Emersione Creativa

La connessione tra musica ed emersione creativa è un'esperienza che trascende i confini dell'immaginazione e incide profondamente sulla nostra capacità di esprimere e innovare. Il Capitolo 11 di "Note Intime: Il Potere Terapeutico della Musica" si addentra in questo intreccio intricato e affascinante, esplorando come la musica possa agire come catalizzatore per la creatività e l'espressione artistica.

La musica è un veicolo che può scatenare flussi di creatività, sbloccando porte segrete all'interno della nostra mente e ispirandoci a creare in modi che prima sembravano inaccessibili. Attraverso note, ritmi e armonie, la musica stimola la nostra immaginazione, liberando pensieri e idee che giacciono in attesa di essere trasformati in opere d'arte.

È noto che molti artisti, da pittori a scrittori, trovino ispirazione nelle melodie che riempiono l'aria intorno a loro. I musicisti stessi spesso dipingono con le note, creando paesaggi sonori che incantano e spingono gli altri a esplorare mondi interni. Questa sinergia tra musica ed emersione creativa è uno spettacolo affascinante che si dispiega nelle pagine di questo capitolo.

La musica non solo libera la creatività, ma agisce anche come ponte che collega diverse forme d'arte. La danza prende vita sulla scia delle note, mentre le parole dei poeti danzano in armonia con le melodie. La capacità della musica di unire discipline artistiche diversificate è un tema intrigante che viene approfondito, evidenziando come la sua influenza trasversale possa amplificare l'innovazione e l'originalità.

Nel capitolo, vengono esplorati gli effetti della musica su vari processi creativi. Si analizza come determinati generi musicali possano favorire specifiche sfumature di creatività:

dall'energia travolgente del rock che alimenta la ribellione artistica alle melodie eteree della musica classica che incantano l'animo e ispirano la creazione di mondi fantastici.

Inoltre, viene presentata la pratica di utilizzare la musica come strumento per superare blocchi creativi. Spesso, quando gli artisti si trovano in una fase di stallo creativo, la musica può fungere da chiave che sblocca nuove prospettive e spinge oltre i confini mentali, rivelando idee e soluzioni che altrimenti rimarrebbero celate.

Il capitolo esplora anche come la creazione musicale stessa possa essere una forma di emersione creativa. Comporre, improvvisare e suonare uno strumento sono atti creativi che offrono spazi illimitati per l'innovazione e l'espressione personale. Attraverso l'analisi di storie di musicisti e compositori, si mette in luce il processo di trasformazione creativa che avviene dietro le quinte della creazione musicale.

Infine, il capitolo si conclude con una riflessione su come la musica possa fungere da ispirazione continua per la creatività nelle nostre vite quotidiane. Si invitano i lettori a esplorare la musica come fonte inesauribile di stimoli creativi, incoraggiandoli a immergersi nelle melodie, a lasciarsi trasportare dai ritmi e a lasciare che la musica nutra e alimenti la loro creatività in modi infiniti.

In sintesi, il capitolo "Musica e Emersione Creativa" è un viaggio entusiasmante attraverso il potere della musica di scatenare e potenziare la creatività, offrendo spunti di riflessione e ispirazione per esplorare la vastità dell'arte creativa attraverso il prisma incantevole della musica.

12.1 Come la Musica Incide sulla Creatività e sull'Espressione Artistica

La musica, con la sua magia senza tempo, ha sempre agito

come una musa ispiratrice, plasmando in modo unico la creatività e l'espressione artistica. Il legame profondo tra la musica e la creatività è intrinseco, una sinfonia intrecciata che risuona attraverso i secoli, infondendo vita e colore nell'arte e nell'espressione umana.

La musica è un linguaggio universale che parla alle profondità dell'anima. Essa riesce a toccare corde emotive e a liberare flussi creativi al di là delle parole o delle immagini. Le note che danzano nell'aria creano un panorama sonoro che apre le porte dell'immaginazione e incanta i sensi. È come un pittore che dipinge con suoni, combinando armonie e ritmi per creare paesaggi sonori che trasportano l'ascoltatore in mondi inesplorati.

La creatività trova nella musica una fonte inesauribile di ispirazione. Artisti di ogni genere, dai pittori ai poeti, dagli scrittori ai cineasti, trovano nella melodia un compagno di viaggio che li guida lungo il percorso dell'ispirazione.

Le variazioni tonali, i contrasti ritmici e le emozioni trasmesse dalla musica stimolano l'immaginazione e sbloccano nuove prospettive creative.

L'arte stessa è una forma di espressione che riflette le profondità dell'animo umano. E la musica, con la sua capacità di evocare sentimenti e stati d'animo, si trasforma in uno strumento potente per trasmettere emozioni attraverso le opere artistiche. Un dipinto può catturare la serenità di una sinfonia lenta o la vivacità di un crescendo ritmico. Una poesia può riflettere le tonalità malinconiche di una melodia o la gioia trascinante di una melodia festosa.

La connessione tra musica e creatività si manifesta anche nell'atto stesso di creare musica. I musicisti, compositori e cantautori sperimentano il processo creativo in modi unici. Le note musicali diventano pennelli che dipingono emozioni e pensieri, trasformando l'etere in una tela sonora. L'innovazione musicale spesso si alimenta dalla ricerca della novità, dall'esplorare nuovi suoni e combinazioni, spingendo i confini della creatività e dell'espressione artistica.

Inoltre, la musica agisce come catalizzatore per la collaborazione creativa. Quando artisti di diverse discipline si uniscono per creare, la musica spesso funge da collante che fonde insieme idee e prospettive diverse. Le performance multidisciplinari, dove la musica si intreccia con danza, teatro o arte visiva, creano esperienze sensoriali uniche che aprono nuovi orizzonti creativi.

Tuttavia, la musica non solo incide sulla creatività, ma può anche fungere da mezzo di espressione personale. Molte persone trovano nella musica un modo per esprimere sentimenti complessi che altrimenti sarebbero difficili da comunicare. Attraverso la composizione o l'interpretazione, trovano un linguaggio per tradurre in suoni le loro emozioni più profonde, creando un ponte diretto tra il loro mondo interiore e quello esteriore.

In conclusione, la musica è un'onda che permea l'arte e l'espressione umana. È una forza che amplifica la creatività, sia come fonte d'ispirazione sia come mezzo di espressione. La sua influenza transcende i confini dell'audizione e raggiunge le sfere più intime dell'anima, nutrendo la creatività e plasmando l'essenza stessa dell'arte e dell'espressione umana.

12.2 Utilizzo della Musica come Motivazione per la Creazione Artistica

La musica, con la sua capacità unica di evocare emozioni profonde e trasmettere sensazioni, è stata da sempre una fonte inesauribile di ispirazione per la creazione artistica. L'utilizzo della musica come motore per stimolare la creatività in molteplici forme d'arte è un fenomeno affascinante che attraversa le barriere

del tempo e dello spazio, alimentando l'immaginazione e sostenendo il processo creativo in maniera straordinaria.

La relazione tra la musica e la creazione artistica è intima e profonda. L'ascolto attento di una melodia, con le sue variazioni ritmiche, le armonie che si intrecciano e le emozioni che suscita, può incanalare energie creative sorprendenti. I pittori, gli scultori, i poeti, i registi cinematografici e gli scrittori hanno trovato nell'arte musicale un compagno di viaggio essenziale per alimentare la loro espressione artistica.

Per gli artisti visivi, come i pittori e gli scultori, la musica agisce come un sottofondo che crea un'atmosfera emotiva ideale per l'ispirazione. Le note possono trasformarsi in linee, colori e forme sulla tela o nel marmo, guidando le pennellate o i colpi di scalpello con ritmo e armonia. La sinergia tra suono e visione può generare opere che catturano l'essenza emotiva della musica stessa.

Nel mondo della scrittura e della poesia, la musica può essere un catalizzatore di idee e emozioni. Le parole possono danzare al ritmo di una melodia, assumendo tonalità diverse e acquisendo un'armonia unica che richiama le sfumature musicali. I poeti trovano ispirazione nelle sonorità delle note, mentre gli scrittori possono usare la musica per evocare specifici stati d'animo o ambientazioni nei loro racconti.

Nel cinema, la musica svolge un ruolo cruciale nel definire l'atmosfera delle scene e nell'accentuare le emozioni trasmesse dalle immagini. I registi utilizzano le composizioni musicali per creare tensione, enfatizzare momenti di climax o trasmettere la sottile complessità delle emozioni dei personaggi.

La musica è anche un motore di ispirazione per la danza e le performance sceniche. I ballerini trovano nei ritmi e nelle melodie lo spunto per coreografie che trasmettono emozioni e narrano storie senza l'uso delle parole. Le performance teatrali e le rappresentazioni hanno nella musica un compagno d'eccezione che intensifica il potere espressivo dell'interpretazione artistica.

La versatilità della musica nel nutrire la creatività artistica deriva dalla sua capacità di toccare le corde dell'anima umana. La varietà di generi e stili offre un ampio spettro di emozioni e sensazioni, permettendo agli artisti di esplorare e interpretare le loro visioni in modo unico e personale.

Inoltre, l'utilizzo della musica come stimolo per la creazione artistica può anche ampliare la gamma di influenze culturali e storiche di un'opera. La fusione di diverse forme artistiche può produrre risultati sorprendenti, integrando elementi di diversi contesti culturali per creare opere originali e significative.

In conclusione, l'utilizzo della musica come fonte di ispirazione per la creazione artistica è un viaggio intriso di emozioni e significati. Attraverso il suo potere unico di evocare sensazioni profonde, la musica si intreccia con altre forme d'arte, dando vita a opere che risuonano nell'animo degli spettatori e degli ascoltatori, trasmettendo un messaggio universale di bellezza e creatività.

Capitolo 13: Risonanze Familiari: Musica come Legame Generazionale

La musica ha sempre avuto un potere straordinario nel creare legami indelebili tra le generazioni, tessendo connessioni emotive che superano il tempo e lo spazio. Il Capitolo 12, "Risonanze Familiari: Musica come Legame Generazionale", esplora con profondità questo legame intrinseco tra la musica e le relazioni familiari.

Al centro di ogni famiglia si trova una colonna sonora unica, una playlist di ricordi intessuti dalle canzoni che hanno accompagnato momenti significativi. Queste melodie diventano il filo conduttore di tradizioni trasmesso da una generazione all'altra. La nonna che canta antiche ninne nanne alla culla del nipotino, il padre che condivide la sua playlist preferita con il figlio adolescente: ogni brano racconta una storia, evocando emozioni e ricordi che superano i confini dell'età.

La musica è il linguaggio universale delle emozioni, un ponte che unisce giovani e anziani, permettendo loro di condividere esperienze, passioni e valori. Nelle riunioni familiari, la musica diventa il collante che unisce le diverse generazioni, creando un ambiente di armonia e comprensione reciproca.

Le canzoni diventano testimoni di momenti significativi: la canzone che ha accompagnato il matrimonio dei nonni, quella che ha segnato la laurea dei genitori, e quella che ora suona durante i momenti di gioia e condivisione della generazione più giovane. Questo legame tra passato, presente e futuro si manifesta attraverso una colonna sonora che cresce e si evolve, preservando al suo interno i valori e gli affetti della famiglia.

Ma la musica non è solo ricordi e tradizioni. È anche uno strumento per trasmettere storie, insegnamenti e culture. Le canzoni popolari, le melodie tradizionali e le danze etniche diventano un mezzo per conservare e tramandare la ricchezza delle diverse eredità culturali di una famiglia. Attraverso la musica, le generazioni più giovani possono esplorare e comprendere le radici della propria famiglia, abbracciando la diversità e la bellezza delle tradizioni.

In un'epoca in cui la tecnologia e i cambiamenti culturali sembrano separare le generazioni, la musica si erge come un catalizzatore potente per ristabilire il legame tra i membri della famiglia. Cantare insieme, suonare strumenti musicali o anche semplicemente ascoltare e condividere le proprie preferenze musicali diventano modi autentici per connettersi, comunicare e comprendere reciprocamente.

Questo capitolo esplora anche come la musica possa essere utilizzata come mezzo di risoluzione dei conflitti o come strumento per superare le barriere generazionali. Il potere unificante della musica offre un terreno neutro in cui le differenze di età diventano insignificanti, consentendo alle famiglie di trovare un terreno comune su cui costruire legami più forti e duraturi.

In conclusione, questo capitolo mette in luce il potere trasformativo della musica nel contesto familiare. Oltre a essere un semplice sottofondo sonoro, la musica diventa un catalizzatore di emozioni, un legame intimo che unisce le generazioni, trasmettendo amore, saggezza e un senso di appartenenza che va oltre le parole. È il legame invisibile che tiene unite le famiglie attraverso le generazioni, tessendo un'intrecciata sinfonia di amore e memoria.

13.1 Ruolo della Musica nella Costruzione di Legami Familiari

La musica è un linguaggio universale che va al di là delle parole, intrecciandosi nelle pieghe più intime delle nostre vite. Quando si parla del suo ruolo nella costruzione dei legami familiari, emergono storie avvincenti e legami indissolubili che si intrecciano attraverso note e melodie, creando un tessuto emotivo che unisce le generazioni.

Nel cuore di ogni famiglia, la musica può fungere da collante potente, unendo i membri in un'esperienza condivisa di gioia, consolazione e connessione. È un veicolo che attraversa le barriere generazionali, trasmettendo tradizioni, valori e ricordi da una generazione all'altra.

In molti casi, le famiglie hanno le proprie "canzoni della famiglia", brani che evocano ricordi preziosi e suscitano emozioni profonde ogni volta che vengono suonati. Questi brani diventano simboli tangibili di legami familiari, trasportando le storie di chi li ha amati e cantati prima di noi.

Nelle giornate speciali e nelle celebrazioni, la musica si fa complice nella creazione di momenti indimenticabili. Una festa di compleanno con una playlist personalizzata che risveglia sorrisi sulle labbra di ogni parente presente, o un Natale reso magico dalle note di canti tradizionali intonati in coro: sono questi momenti che incollano i ricordi nei cuori di famiglia.

La musica diventa anche uno strumento per insegnare e tramandare valori. Le canzoni con messaggi significativi possono veicolare insegnamenti importanti sulla compassione, sull'amore e sulla resilienza. I genitori spesso usano la musica come un mezzo per impartire lezioni di vita, sia attraverso le melodie dolci delle ninne nanne che accompagnano il sonno dei piccoli, sia attraverso testi significativi che spiegano le sfide e le vittorie della vita.

È attraverso la musica che i bambini scoprono il mondo sonoro, imparando ritmo, armonia e melodia. Questa scoperta diventa un'occasione per la collaborazione e l'apprendimento all'interno della famiglia. Genitori e figli possono condividere l'emozione di imparare a suonare uno strumento insieme, creando legami unici mentre si supportano reciprocamente lungo il percorso musicale.

Inoltre, la musica può essere una fonte di conforto durante i momenti difficili. Durante le sfide e le perdite, le famiglie spesso trovano sollievo nelle melodie che offrono conforto e sostegno emotivo. Cantare insieme o ascoltare una canzone che ha un significato particolare diventa un modo per affrontare il dolore e rafforzare i legami tra i membri della famiglia.

In un'epoca in cui la tecnologia collega il mondo, la condivisione della musica diventa più semplice che mai. Le playlist condivise, le serate karaoke casalinghe o le sessioni di ascolto condiviso possono unire famiglie distanti geograficamente, permettendo loro di condividere esperienze musicali nonostante la distanza.

Infine, la musica può fungere da ponte tra le generazioni, permettendo ai più giovani di apprezzare e comprendere la musica che ha plasmato il passato delle loro famiglie. Attraverso l'ascolto di brani amati dai genitori o dai nonni, i bambini possono comprendere meglio la storia e la cultura della propria famiglia, creando legami più profondi con le loro radici.

In conclusione, la musica si rivela essere molto più di una semplice colonna sonora nelle vite familiari. È un legame invisibile ma potente che intreccia le generazioni, trasmette emozioni e valori, e crea ricordi indelebili che durano per tutta la vita. Il suo ruolo nella costruzione dei legami familiari è intrinseco e indelebile, rendendo la musica un tesoro prezioso inestimabile all'interno delle nostre case.

13.2 Condivisione Inter-generazionale attraverso la Musica e le Tradizioni Musicali

La condivisione inter-generazionale attraverso la musica e le tradizioni musicali rappresenta un legame potente che unisce le persone attraverso il tempo, creando connessioni profonde e durature che attraversano le barriere generazionali. La musica, con la sua capacità di evocare emozioni e ricordi, funge da ponte tra le diverse epoche, consentendo ai giovani di immergersi nella storia e alle generazioni anziane di condividere i loro tesori musicali.

Nel tessuto della società, le tradizioni musicali sono tramandate di generazione in generazione, preservando non solo i suoni e i testi, ma anche il contesto culturale e storico di cui sono intrise. Questo trasferimento di conoscenze e passioni attraverso le generazioni contribuisce a mantenere vive le radici culturali e a valorizzare il patrimonio musicale di una comunità.

Le famiglie spesso giocano un ruolo chiave nella trasmissione delle tradizioni musicali. I nonni condividono canzoni e storie che hanno accompagnato le loro vite, offrendo ai nipoti uno sguardo privilegiato su un'epoca passata. Questo scambio va oltre la semplice passione per la musica: diventa un veicolo per la comprensione di tradizioni, valori e modi di vivere che altrimenti potrebbero andare persi nel vortice del tempo.

La condivisione inter-generazionale attraverso la musica avviene anche al di fuori delle mura domestiche. Le scuole, ad esempio, svolgono un ruolo cruciale nel trasmettere la conoscenza musicale, consentendo agli studenti di apprezzare e comprendere i classici del passato mentre esplorano nuovi generi contemporanei. I programmi educativi che promuovono l'insegnamento della storia della musica e delle tradizioni culturali ampliano l'orizzonte dei giovani, incoraggiandoli a esplorare e rispettare il patrimonio musicale del mondo.

L'importanza della condivisione inter-generazionale diventa evidente in occasioni speciali come feste, cerimonie e celebrazioni culturali. Qui, le generazioni si riuniscono per esibirsi insieme o per ascoltare le esibizioni l'una dell'altra, unendo vecchio e nuovo in un'unica armonia. Questi eventi non solo preservano le tradizioni, ma creano anche un senso di appartenenza e continuità tra le varie età.

Un aspetto affascinante di questa condivisione è il fenomeno della reinterpretazione musicale. Le generazioni più giovani possono reinventare vecchi brani, rendendoli contemporanei con nuove sonorità e stili, mantenendo viva la tradizione in un contesto moderno. Allo stesso tempo, i più anziani possono abbracciare nuove tendenze musicali, aprendosi a nuove esperienze e influenze.

Questi scambi non solo promuovono la comprensione inter-generazionale ma favoriscono anche l'apprezzamento reciproco. I giovani possono essere ispirati dalla saggezza e dall'esperienza dei loro anziani, mentre questi ultimi possono essere sorpresi e arricchiti dalla freschezza e dall'innovazione delle nuove generazioni.

In un mondo in continua evoluzione, la condivisione inter-generazionale attraverso la musica e le tradizioni musicali diventa un mezzo prezioso per preservare la storia, valorizzare la diversità culturale e costruire ponti che superano le differenze generazionali. Attraverso questa condivisione, le generazioni si incontrano, imparano l'una dall'altra e si arricchiscono reciprocamente, creando legami indelebili che si perpetuano nel tempo, tramandando un'eredità di armonia e comprensione.

Capitolo 14: Musica come Trasformazione Sociale: Cambiare il Mondo una Nota alla Volta

La musica ha sempre avuto il potere di plasmare la società, di innescare movimenti e di trasformare la mentalità collettiva. Il Capitolo 14, esplora in profondità come la musica possa essere un catalizzatore per il cambiamento sociale, un ponte tra culture e un veicolo per l'attivismo e la sensibilizzazione.

In ogni angolo del mondo, la musica ha svolto un ruolo fondamentale nel plasmare le visioni sociali, nella lotta per i diritti umani e nell'affrontare questioni ambientali e politiche. È stata la colonna sonora di movimenti come il Civil Rights Movement negli Stati Uniti, la lotta contro l'apartheid in Sudafrica e molte altre rivoluzioni sociali. La musica ha unificato le persone, ha ispirato la resistenza e ha dato voce a coloro che erano stati messi in silenzio.

In questo capitolo, si esplora come artisti impegnati e movimenti di base abbiano utilizzato la musica come strumento di cambiamento. Si affrontano esempi concreti di come le canzoni siano diventate inni per la pace, la giustizia e la consapevolezza ambientale. Si analizzano le parole e le melodie che hanno scosso le coscienze e hanno mosso masse intere verso un'azione positiva.

Si esamina il potere unificante della musica oltre i confini nazionali e culturali. Le canzoni di protesta, i cori rivoluzionari e le performance musicali sono stati i mezzi attraverso i quali le persone hanno espresso le loro speranze, i loro dolori e le loro aspirazioni per un mondo migliore. La musica è diventata un linguaggio universale di solidarietà umana, superando le barriere linguistiche e culturali.

Si esplorano inoltre progetti musicali e iniziative comunitarie che hanno portato avanti cause sociali importanti. Si narrano storie di gruppi musicali che hanno devoluto i loro proventi per cause benefiche, di artisti che hanno usato il loro status per sensibilizzare su questioni vitali e di progetti educativi che hanno usato la musica per ispirare e formare le generazioni future.

Non si tralasciano gli impatti tangibili che la musica ha avuto su questioni ambientali e sostenibili. Artisti e gruppi musicali hanno dedicato le loro opere a sensibilizzare sull'importanza della salvaguardia dell'ambiente, contribuendo a rafforzare la consapevolezza riguardo al cambiamento climatico e alle sfide ecologiche globali.

Questo capitolo offre un'ampia panoramica su come la musica abbia permeato e influenzato il tessuto sociale, mostrando come sia stata usata come mezzo di trasformazione e ispirazione. La musica non è stata solo uno sfogo creativo, ma un veicolo di cambiamento, una nota alla volta, trasformando il mondo e offrendo speranza e ispirazione per un futuro migliore.

14.1 Esempi di Movimenti Sociali e Attivismo che Utilizzano la Musica come Mezzo di Sensibilizzazione e Cambiamento

La musica, con la sua capacità innata di connettere le persone attraverso le emozioni e il ritmo, è stata da sempre uno strumento potente per i movimenti sociali e l'attivismo. Da tempi immemorabili fino ai giorni nostri, la musica ha svolto un ruolo cruciale nella sensibilizzazione e nel catalizzare il cambiamento sociale.

Uno dei movimenti più iconici in cui la musica ha giocato un ruolo fondamentale è stato il movimento per i diritti civili negli Stati Uniti degli anni '50 e '60. Artisti come Nina Simone, Bob Dylan e Sam Cooke hanno utilizzato le loro canzoni come strumenti di protesta e di ispirazione. Brani come "A Change Is Gonna Come" di Cooke e "Mississippi Goddam" di Simone hanno affrontato apertamente le ingiustizie razziali e hanno servito da colonna sonora per le marce e le manifestazioni.

Nello stesso periodo, il movimento hippie ha abbracciato la musica come simbolo di pace, amore e resistenza contro la guerra. Il festival di Woodstock nel 1969 è stato un'epifania musicale, un raduno di migliaia di giovani uniti dalla musica e dall'aspirazione a un cambiamento sociale positivo. Artisti come Jimi Hendrix con la sua toccante interpretazione dell'inno nazionale degli Stati Uniti e i The Beatles con "All You Need Is Love" hanno incarnato lo spirito pacifista di un'intera generazione.

Negli anni successivi, la musica è stata al centro di movimenti come il femminismo e la lotta per i diritti LGBTQ+. Artisti come Madonna, con brani come "Express Yourself", hanno promosso l'empowerment femminile, mentre artisti LGBTQ+ come Elton John e Freddie Mercury dei Queen hanno contribuito a sfidare stereotipi e discriminazioni attraverso la loro musica e la loro visibilità.

Oltre ai movimenti occidentali, la musica ha avuto un ruolo significativo anche in altri contesti sociali. In America Latina, la musica è stata una voce per i movimenti di resistenza politica. Il genere della "nueva canción" ha visto artisti come Violeta Parra e Victor Jara in Cile, usando le loro canzoni come strumenti di protesta contro regimi autoritari e ingiustizie sociali. Più recentemente, il movimento Black Lives Matter ha trovato nella musica un'ancora di sostegno. Artisti contemporanei come Beyoncé, Kendrick Lamar e Childish Gambino hanno creato brani che affrontano le questioni razziali e sociali, dando voce alle esperienze e alle preoccupazioni della comunità nera. La musica non è solo un accompagnamento a manifestazioni e proteste; è un catalizzatore emotivo che trasmette messaggi potenti e unifica le persone. La sua capacità di coinvolgere e ispirare le masse la rende un mezzo efficace per spingere avanti l'agenda dei movimenti sociali e per stimolare il cambiamento. In ogni angolo del mondo e in ogni lotta per l'uguaglianza e la giustizia, la musica continua a essere un'arma pacifica e straordinaria, un linguaggio universale che parla direttamente ai cuori e alle menti di chi desidera un mondo migliore.

14.2 L'Influenza della Musica nelle Questioni Sociali e Ambientali

La musica è stata una forza motrice inestimabile nell'affrontare questioni sociali e ambientali. Attraverso le sue melodie e le parole incisive, ha unificato, ispirato e spinto le masse verso il cambiamento. Dal movimento per i diritti civili all'ambientalismo, la musica ha svolto un ruolo cruciale nell'incanalare emozioni, sensibilizzare e creare consapevolezza.

Il Potere Unificante della Musica

La musica ha dimostrato la sua capacità di unire persone di diverse provenienze, culture e opinioni intorno a cause comuni. Esempi emblematici come l'inno "We Shall Overcome" durante il movimento per i diritti civili negli Stati Uniti o il celebre concerto Live Aid per combattere la fame in Africa hanno dimostrato come la musica possa superare barriere e unire le persone per una causa più grande.

Sensibilizzazione e Mobilitazione

Le canzoni hanno funzionato da manifesti viventi, trasportando messaggi e spingendo all'azione. Brani come "Imagine" di John Lennon hanno ispirato speranza e visioni di un mondo migliore, mentre artisti come Bob Dylan hanno utilizzato le loro parole per sensibilizzare sulle ingiustizie sociali.

Risvegliare la Coscienza Ambientale

La musica ha anche alzato la voce per la natura e l'ambiente. Canzoni come "Big Yellow Taxi" di Joni Mitchell hanno sollevato la consapevolezza sull'impatto dell'uomo sull'ambiente, mentre il movimento "Farm Aid" ha utilizzato concerti per sostenere gli agricoltori e promuovere pratiche agricole sostenibili.

La forza delle Performance Live
I concerti hanno funzionato come piattaforme per raccogliere fondi, sensibilizzare e catalizzare azioni. Eventi come il concerto "Global Citizen" hanno unito artisti internazionali per promuovere l'uguaglianza, l'istruzione e la lotta alla povertà, raccogliendo fondi e impegni per affrontare le sfide globali.

Musica come Voce dei Senza Voce

Spesso la musica dà voce a coloro che altrimenti non verrebbero ascoltati. Le

canzoni di protesta, dalle ballate contro
la guerra ai canti per i diritti umani,
hanno amplificato le preoccupazioni dei
più vulnerabili, offrendo loro una
piattaforma per essere ascoltati e
sostenuti.

Ispirare Azioni Tangibili

La musica non si ferma alla
sensibilizzazione, ma spesso catalizza
azioni tangibili. Progetti come "Playing
for Change" hanno utilizzato la musica
per unire artisti da tutto il mondo e
sostenere progetti educativi e
comunitari nelle aree svantaggiate.

Sfide e Aspetti Critici

Nonostante il suo impatto positivo, la
musica impegnata nelle questioni sociali
e ambientali non è priva di critiche.
Talvolta può essere accusata di
superficialità o di sfruttare la causa
per fini commerciali, riducendo la forza
del messaggio.

Il Futuro della Musica Come Strumento di Cambiamento

Il futuro della musica nel contesto sociale e ambientale è promettente. Con l'avvento della tecnologia e dei social media, gli artisti hanno più possibilità di connettersi con il loro pubblico, diffondere messaggi e incoraggiare azioni positive.

In conclusione, la musica è una potente forza catalizzatrice nel sollevare questioni sociali e ambientali. La sua capacità di unire, ispirare e spingere al cambiamento ha dimostrato di essere uno strumento prezioso nella lotta per un mondo più giusto e sostenibile. Incorporando messaggi profondi e unendo persone attraverso melodie, la musica continua a essere una voce indispensabile nella lotta per il cambiamento positivo.

Capitolo 15: Armonizzazione Sociale: Musica come Ponte Culturale

La musica, nel suo incantevole linguaggio universale, svolge un ruolo straordinario nell'armonizzazione sociale, agendo come un ponte che collega le diversità culturali e apre porte verso la comprensione reciproca. Il Capitolo 15 si addentra nel magico mondo in cui la musica diventa un catalizzatore di unione e connessione tra le varie sfaccettature della società.

In un mondo diviso da confini geografici, differenze linguistiche e contrasti culturali, la musica si erge come linguaggio universale capace di abbattere barriere. È un'esperienza condivisa che trasmette emozioni senza bisogno di traduzioni, un veicolo che trasporta sentimenti profondi e racconti ancestrali attraverso note e melodie.

Le tradizioni musicali di diverse culture diventano una sorta di tessuto connettivo, tessuto che permette di intrecciare legami più solidi tra comunità altrimenti distanti. Si manifesta la potenza delle percussioni africane che narrano storie di antichi rituali, le dolci melodie orientali che catturano l'essenza della spiritualità, o le coinvolgenti danze sudamericane che celebrano la gioia di vivere. Ogni cultura, con la propria musica, offre un dono prezioso al panorama globale, arricchendo l'umanità con la sua diversità e bellezza unica.

La musica diventa così un veicolo per la condivisione e l'apprezzamento reciproco. Festival internazionali, concerti multietnici e collaborazioni interculturali fungono da piattaforme in cui le differenze vengono celebrate anziché ignorate, creando un terreno fertile per l'incontro e la comprensione reciproca. Artisti provenienti da mondi differenti si uniscono in armonia, intrecciando le proprie esperienze e influenze per creare qualcosa di nuovo e ispiratore.

Questo capitolo esplora anche il ruolo della musica nell'attivismo sociale. Si tratta di più di una semplice melodia; è un grido di protesta, una voce per i senza voce, un inno alla resistenza e alla speranza. La storia è ricca di esempi in cui la musica ha catalizzato movimenti per i diritti civili, l'uguaglianza di genere e la pace, dando voce a coloro che altrimenti sarebbero rimasti silenziosi.

In un mondo sempre più interconnesso, la musica diventa un veicolo di sensibilizzazione su questioni globali. I testi delle canzoni diventano manifesti di cambiamento, portatori di messaggi che spingono all'azione e alla consapevolezza. La musica si evolve così da mero intrattenimento a strumento potente per sensibilizzare e unire le masse verso cause comuni.

Infine, la musica diventa un'eredità culturale che va oltre il tempo. Si tramanda di generazione in generazione, preservando identità e tradizioni. È tramite questa eredità che si rafforza il senso di appartenenza e si coltiva il rispetto per le radici culturali, mantenendo vive le storie e le saggezze dei popoli.

In conclusione, il capitolo esplora l'immenso valore della musica come ponte culturale, come strumento che unisce anziché separare. Essa non solo riflette la diversità del mondo, ma sottolinea anche ciò che le culture hanno in comune, promuovendo un senso di unità e appartenenza in un contesto globale sempre più interconnesso. La musica, in tutte le sue forme e sfumature, continua a svolgere un ruolo vitale nel plasmare il tessuto sociale, facendo del nostro mondo un luogo più ricco, vibrante e comprensivo.

15.1 Il Potere Unificante della Musica in Contesti Sociali e Culturali

La musica, con la sua melodia universale e il suo linguaggio senza confini, si erge come un catalizzatore straordinario di unione in contesti sociali e culturali diversificati. Attraverso i secoli, ha svolto un ruolo fondamentale nell'intrecciare le trame delle comunità, fungendo da ponte tra persone di differenti estrazioni, culture e esperienze.

Innanzitutto, la musica agisce come una forza unificante attraverso il suo potere di condivisione. Al di là delle barriere linguistiche o culturali, una melodia coinvolgente può trasmettere emozioni universali, suscitando sentimenti di gioia, tristezza, speranza o nostalgia, creando un legame emotivo tra individui provenienti da background differenti. È proprio questa capacità di comunicare senza parole che rende la musica uno strumento così potente nel promuovere la comprensione reciproca e la solidarietà tra le persone.

Inoltre, la musica è una manifestazione culturale profonda che porta con sé l'eredità e le tradizioni di una comunità. Attraverso esibizioni musicali, festival o cerimonie, le persone celebrano la propria storia, trasmettendo valori e credenze fondamentali. Questi eventi

sono spesso spazi di incontro in cui individui di diversa provenienza possono condividere e apprezzare le peculiarità culturali degli altri, contribuendo così a creare una maggiore consapevolezza e rispetto reciproco.

La musica, inoltre, ha dimostrato di avere un impatto significativo nel facilitare il dialogo interculturale. Quando diverse tradizioni musicali si fondono, si crea uno spazio in cui le differenze si trasformano in opportunità di apprendimento reciproco. La collaborazione tra musicisti provenienti da contesti diversi può generare opere uniche che mescolano stili, strumenti e ritmi, ampliando la comprensione e l'apprezzamento delle diversità culturali. Oltre a ciò, la musica è stata una forza motrice nei movimenti sociali. Dai canti delle lotte per i diritti civili alla musica di protesta contro l'ingiustizia sociale, le canzoni hanno ispirato, unificato e incanalato le energie di persone accomunate da ideali comuni. Queste melodie diventano

l'inno di una causa, radunando individui sotto un unico vessillo per lottare per il cambiamento e la giustizia.

Da un punto di vista pratico, i progetti comunitari basati sulla musica hanno dimostrato di avere un impatto positivo sul tessuto sociale. Programmi educativi musicali, gruppi corali o orchestre giovanili non solo insegnano abilità musicali, ma promuovono anche il senso di appartenenza, l'autostima e la collaborazione tra i partecipanti, contribuendo così a costruire comunità più forti e coese. In conclusione, il potere unificante della musica in contesti sociali e culturali non può essere sottovalutato. Attraverso la sua capacità di connessione emotiva, celebrazione delle tradizioni, facilitazione del dialogo interculturale e sostegno ai movimenti sociali, la musica si erge come un linguaggio universale che supera le barriere e unisce le persone, offrendo un potente strumento per la costruzione di società più inclusive, empatiche e solidali.

15,2 Progetti Comunitari basati sulla Musica e sulla Condivisione Culturale

I progetti comunitari basati sulla musica e sulla condivisione culturale rappresentano un'armoniosa sinfonia di connessioni umane, creando legami indelebili tra persone di diverse origini, esperienze e prospettive. Questi progetti fungono da ponti, unendo le comunità attraverso il linguaggio universale della musica, celebrando le diversità e promuovendo la comprensione reciproca.

In molte parti del mondo, la musica ha sempre avuto il potere di superare le barriere culturali e linguistiche, diventando un punto di unione. I progetti comunitari musicali fungono da catalizzatori per la coesione sociale, creando spazi inclusivi dove le persone possono esprimersi liberamente e scoprire nuove sfaccettature della loro identità culturale.

Questi progetti spaziano da orchestre e cori comunitari che coinvolgono individui di tutte le età e background, a festival multietnici che celebrano la ricchezza delle tradizioni musicali del mondo. Attraverso laboratori di musica interculturale, si incoraggia l'interazione tra diverse culture, consentendo la condivisione di storie, tradizioni e melodie che altrimenti potrebbero essere dimenticate o trascurate.

L'obiettivo principale di questi progetti è quello di promuovere la comprensione reciproca e il rispetto delle diverse identità culturali, abbattendo pregiudizi e stereotipi attraverso l'espressione artistica. Ad esempio, in alcune comunità urbane, si organizzano gruppi di giovani provenienti da contesti socioeconomici diversi per creare e condividere musica, costruendo così un ponte tra mondi altrimenti separati.

La musica diventa un veicolo per l'empowerment, soprattutto nelle comunità svantaggiate o colpite da situazioni di disagio sociale. Progetti che offrono opportunità musicali ai giovani provenienti da contesti difficili non solo insegnano abilità musicali, ma promuovono la fiducia in se stessi e lo sviluppo delle capacità di leadership e collaborazione.

L'impatto di questi progetti si estende oltre la musica stessa. Promuovono la coesione sociale, aumentano il senso di appartenenza e rafforzano il tessuto sociale della comunità. Attraverso eventi e performance condivise, si creano momenti di gioia e celebrazione che rafforzano i legami tra i partecipanti e coloro che assistono.

Un esempio eccellente di progetti comunitari basati sulla musica e sulla condivisione culturale sono le orchestre giovanili multietniche che si esibiscono in luoghi pubblici. Questi gruppi non solo offrono agli artisti emergenti l'opportunità di esibirsi, ma trasmettono un messaggio di armonia e unità nella diversità, ispirando coloro che partecipano agli eventi.

Inoltre, questi progetti possono diventare fondamentali nell'affrontare questioni sociali cruciali. Ad esempio, iniziativa musicali focalizzate sulla sensibilizzazione riguardo a temi come l'ambiente, la giustizia sociale o i diritti umani possono generare consapevolezza e azioni di cambiamento.

In definitiva, i progetti comunitari basati sulla musica e sulla condivisione culturale sono come sinfonie viventi che uniscono le persone attraverso una passione condivisa. Oltre a celebrare la musica, queste iniziative creano un terreno fertile per la comprensione reciproca, l'inclusione sociale e la costruzione di comunità più forti, più coese e più consapevoli delle proprie differenze e similitudini. La loro importanza risiede nell'essere un faro di speranza e un esempio tangibile di come la musica possa trasformare le nostre comunità in luoghi più vibranti, inclusivi e ispirati.

Capitolo 16: Note per il Futuro

Il Capitolo 16 intitolato "Note per il Futuro", si apre come un portale verso l'innovazione e le prospettive rivoluzionarie dell'interazione umana con la musica. È un viaggio verso l'avanguardia della ricerca, offrendo uno sguardo proiettato verso il domani, un domani in cui la musica potrebbe svolgere ruoli ancora più significativi nella nostra esistenza quotidiana.

Il mondo della ricerca scientifica e della medicina continua a esplorare i confini del potenziale terapeutico della musica. Nuove scoperte nel campo della neuroscienza hanno portato a una comprensione sempre più profonda di come la musica interagisca con il cervello umano. L'uso di tecnologie avanzate come la risonanza magnetica funzionale ha aperto finestre sulle regioni cerebrali coinvolte nella risposta emotiva alla musica. I ricercatori stanno lavorando per tradurre queste scoperte in applicazioni pratiche, sviluppando terapie personalizzate basate sulla musica per affrontare specifici disturbi mentali e emotivi.

La tecnologia digitale ha anche rivoluzionato il modo in cui interagiamo con la musica. Piattaforme di streaming, algoritmi di raccomandazione e applicazioni per la creazione di playlist stanno cambiando radicalmente il modo in cui scopriamo e consumiamo la musica. Nel contesto terapeutico, questa evoluzione tecnologica offre l'opportunità di sviluppare strumenti più accessibili e personalizzati per utilizzare la musica come risorsa terapeutica, adattandola in base alle esigenze individuali di ogni persona.

Oltre alla medicina e alla terapia, la musica sta emergendo come un catalizzatore per il cambiamento sociale e culturale. Movimenti di attivismo e sensibilizzazione stanno adottando la musica come potente strumento di espressione e comunicazione. La sua capacità di connettersi con le persone su un livello emotivo profondo rende la musica un veicolo ideale per promuovere la consapevolezza su questioni sociali e ambientali, ispirando azioni di cambiamento positive nella società.

Il futuro potrebbe anche portare ulteriori sinergie tra musica e altre discipline, come la terapia occupazionale, la psicologia positiva e la medicina integrativa. L'idea di integrare la musica in contesti non convenzionali, come l'ambito lavorativo o l'educazione, sta guadagnando terreno. Si sta esplorando come la musica possa migliorare la produttività sul posto di lavoro, favorire la concentrazione negli ambienti educativi e persino contribuire a creare ambienti più inclusivi e accoglienti in settori come l'assistenza sanitaria.

Tuttavia, mentre contempliamo un futuro luminoso e pieno di potenzialità per la musica come strumento terapeutico e di cambiamento sociale, sorgono anche domande etiche e culturali. È fondamentale considerare come bilanciare l'innovazione tecnologica con l'autenticità e l'integrità della pratica musicale. Inoltre, il modo in cui la musica viene utilizzata e diffusa potrebbe sollevare interrogativi sulla commercializzazione e sull'accessibilità equa a questa risorsa potente.

In conclusione, il Capitolo 7 di "Note Intime: Il Potere Terapeutico della Musica" si proietta in un futuro intriso di potenziale, invitando lettori, ricercatori e appassionati di musica a unirsi in un viaggio di scoperta e innovazione. È un invito a sfruttare il potere trasformativo della musica per promuovere la salute mentale, il benessere emotivo e la coesione sociale, mentre si tiene conto delle sfide etiche e culturali che accompagnano questa straordinaria evoluzione. È un inno alla speranza e alla possibilità che la musica continui a essere una forza di guarigione e ispirazione per le generazioni future.

16.1 L'Evolvere della Ricerca sulla Musica e il Cervello

La ricerca sul legame tra musica e cervello ha conosciuto un viaggio entusiasmante e illuminante, trasformando la nostra comprensione della musica e del suo impatto profondo sulla mente umana. Nel corso degli anni, gli studiosi hanno condotto studi innovativi, aprendo finestre sulla complessità e sulla meraviglia della relazione tra la musica e il cervello umano.

Inizialmente, gli approcci scientifici alla musica si concentravano sulla sua natura emotiva e sulla risposta umana ad essa. Tuttavia, con l'avvento delle moderne tecnologie di imaging cerebrale come la risonanza magnetica funzionale (fMRI) e l'elettroencefalografia (EEG), gli scienziati hanno potuto esaminare in dettaglio come il cervello elabora la musica. Questi strumenti hanno permesso di individuare le regioni cerebrali coinvolte nell'ascolto e nella creazione della musica.

La ricerca ha rivelato che la musica attiva diverse aree del cervello, coinvolgendo la corteccia uditiva, l'ippocampo (coinvolto nella memoria) e diverse parti del sistema limbico, che gestisce le emozioni. Sorprendentemente, la musica sembra influenzare anche l'attività delle onde cerebrali, con ritmi e frequenze che variano in risposta alla musica stessa. Questi studi hanno sottolineato la complessità del modo in cui il cervello interpreta e risponde alla musica, suggerendo che questa interazione va oltre la semplice percezione uditiva.

Un'altra scoperta significativa riguarda l'effetto della musica sulla plasticità cerebrale. Studi condotti su musicisti professionisti hanno evidenziato cambiamenti strutturali nel cervello, come l'aumento delle connessioni neuronali nelle aree coinvolte nell'esecuzione e nella percezione musicale. Questa plasticità cerebrale indotta dalla pratica musicale suggerisce che la musica non solo influenza il cervello, ma può effettivamente modificarlo nel tempo.

La ricerca ha anche esplorato il rapporto tra la musica e le funzioni cognitive. Studi condotti su bambini hanno dimostrato che l'apprendimento musicale può migliorare le abilità linguistiche e matematiche, suggerendo un legame tra la formazione musicale e lo sviluppo cognitivo. Inoltre, la musica è stata associata a benefici nel migliorare l'attenzione, la memoria e la capacità di problem solving.

La comprensione della musica e del cervello ha anche aperto nuove strade nella terapia e nella riabilitazione. La musicoterapia, ad esempio, ha dimostrato efficacia nel trattare disturbi neurologici come il morbo di Parkinson e l'ictus. La musica viene utilizzata per migliorare la coordinazione motoria, stimolare la comunicazione e ridurre l'ansia in pazienti affetti da queste condizioni.

Ulteriori ricerche stanno esplorando come la musica possa influenzare lo stato emotivo e la salute mentale. La musica è stata associata a una riduzione dello stress e dell'ansia, e viene considerata un'importante risorsa nel migliorare il benessere emotivo delle persone. L'ascolto di determinati generi musicali è stato correlato a stati emotivi specifici, con la capacità di modulare le emozioni e migliorare l'umore. In conclusione, l'evoluzione della ricerca sulla musica e il cervello ha aperto una finestra su un mondo affascinante di interazione tra arte e scienza. Questi studi continuano a rivelare come la musica non sia solo un piacere uditivo, ma una forza che ha il potere di modulare le nostre menti, influenzando emozioni, comportamenti e funzioni cognitive in modi straordinari e profondi. La musica si rivela così una fonte infinita di meraviglia e di potenziale per il benessere e lo sviluppo umano.

16.2 Prospettive Future e Possibili Applicazioni della Musica nella Salute e nella Guarigione

Nel mondo in continua evoluzione della medicina e della psicologia, le prospettive future riguardanti l'uso della musica nella salute e nella guarigione sono affascinanti e promettenti. Le ricerche hanno già evidenziato l'incredibile potenziale della musica come strumento terapeutico, e le prospettive future aprono nuove strade per esplorare ulteriormente questo potere.

Uno dei settori più intriganti riguarda l'applicazione della musica nella neuroscienza e nella comprensione del cervello umano. Le tecnologie di imaging cerebrale avanzate stanno consentendo agli scienziati di analizzare in dettaglio come il cervello elabora e risponde alla musica. Le prospettive future si concentrano sull'approfondimento di questa comprensione per sviluppare terapie mirate che possano sfruttare la plasticità neurale per trattare disturbi neurologici, migliorare la cognizione e supportare la guarigione.

Inoltre, l'uso della musica come complemento alle terapie convenzionali è destinato a espandersi. La musicoterapia, ad esempio, potrebbe diventare parte integrante dei protocolli di trattamento in ospedali, strutture di riabilitazione e centri di salute mentale. L'adattamento della musica in base alle esigenze individuali potrebbe consentire un trattamento più personalizzato e efficace per una vasta gamma di condizioni, dalla depressione all'autismo, dalla demenza alla gestione del dolore cronico.

Le prospettive future si estendono anche alla sfera dell'educazione e della crescita personale. Integrare la musica nei programmi educativi potrebbe non solo stimolare la creatività e l'apprendimento, ma anche aiutare a sviluppare abilità socio-emotive cruciali come l'empatia, la comunicazione e la gestione dello stress. La musica potrebbe diventare un pilastro nelle cure per la salute mentale dei giovani, offrendo loro strumenti per affrontare le sfide emotive e costruire resilienza.

L'avanzamento della tecnologia digitale e delle piattaforme online sta ampliando l'accesso alla musica come strumento terapeutico. Applicazioni e piattaforme specializzate stanno emergendo, offrendo playlist personalizzate per scopi specifici, come la riduzione dello stress, il miglioramento del sonno o la gestione dell'ansia. La combinazione di algoritmi intelligenti e conoscenze approfondite sulle preferenze individuali potrebbe consentire un'esperienza musicale terapeutica ancora più personalizzata e efficace.

Un'altra prospettiva futura entusiasmante riguarda l'integrazione della realtà virtuale e della realtà aumentata con la musica per creare esperienze immersive. Queste tecnologie potrebbero consentire ai pazienti di immergersi in ambienti musicali rilassanti o stimolanti, contribuendo alla riduzione del dolore, alla gestione dello stress e all'incremento del benessere emotivo.

L'approfondimento della ricerca sulla musica e sulla salute potrebbe anche portare a una maggiore comprensione dei meccanismi specifici attraverso i quali la musica influisce sul corpo e sulla mente. Ciò potrebbe aprire la strada a nuove scoperte in ambito farmacologico, con lo sviluppo di farmaci basati sulla musica o di terapie combinate che integrano la musica con trattamenti convenzionali per ottenere risultati ottimali. In conclusione, le prospettive future sull'utilizzo della musica nella salute e nella guarigione sono entusiasmanti e intravedono un futuro in cui la musica diventa una componente essenziale e personalizzata delle cure mediche. L'intersezione tra musica, scienza e tecnologia offre un vasto territorio di esplorazione, con il potenziale di migliorare significativamente la qualità della vita delle persone attraverso l'arte e il potere terapeutico della musica.

Epilogo

In questo libro, emergono le sfumature di un viaggio affascinante attraverso il legame profondo e universale tra la musica e il benessere umano. È un capitolo conclusivo che intreccia riflessioni profonde e inviti a continuare l'esplorazione di questo inesauribile tesoro che è la musica. La musica, come sottolineato in quest'opera, è più di una semplice successione di note; è un linguaggio universale capace di connettere le persone al di là delle barriere culturali, linguistiche e sociali. Nel suo potere unificante, la musica si è rivelata una fonte di consolazione, ispirazione e guarigione per l'anima umana.

Riflettiamo su come la musica abbia attraversato i secoli, intrecciandosi con la storia dell'umanità. Ha accompagnato le tribolazioni e le gioie di ogni epoca, ha incanalato le emozioni più profonde e ha sostenuto i movimenti di cambiamento sociale. È stata una compagna costante nei momenti più

significativi delle nostre vite, in grado
di sollevare lo spirito, curare le ferite
dell'anima e trasformare la nostra
percezione del mondo.

Attraverso le pagine di questo libro,
abbiamo esplorato i molteplici modi in
cui la musica si è rivelata un'alleata
preziosa per la salute mentale e il
benessere emotivo. Dalla sua capacità
di alleviare lo stress e migliorare il
sonno alla sua influenza nella terapia e
nella guarigione, la musica ha
dimostrato di possedere un potere
terapeutico straordinario.

Abbiamo imparato a conoscere il ruolo
della musica nell'innescare cambiamenti
neurologici positivi nel cervello umano,
promuovendo la plasticità neuronale e
offrendo una via per la rigenerazione e
la guarigione mentale. Attraverso casi
di studio e testimonianze commoventi,
abbiamo visto la musica trasformare
vite e offrire speranza in situazioni
altrimenti disperate.

E mentre concludiamo questo viaggio
attraverso le note e le melodie,
sappiamo che il potere della musica non
conosce confini. È un'arte che continua

a evolversi, a ispirare e a generare
nuove forme di espressione. L'epilogo
di questo libro non segna la fine del
percorso, ma è un invito a continuare ad
approfondire questa straordinaria
connessione tra la musica e la nostra
salute mentale. Guardiamo al futuro con
gratitudine per il dono della musica e
con l'ardente desiderio di esplorare
ulteriormente il suo potenziale
terapeutico. Che sia nella creazione di
playlist personalizzate per affrontare
le sfide quotidiane o nell'utilizzo della
musica per favorire la comprensione tra
le culture, il viaggio della musica come
strumento di guarigione è senza fine.

L'epilogo di "Note Intime: Il Potere
Terapeutico della Musica" non chiude
un libro, bensì apre le porte a una nuova
fase di scoperta e apprezzamento per
l'immensa bellezza e il profondo
impatto che la musica ha sul nostro
benessere mentale e emotivo. Che le
note continueranno a risuonare nelle
nostre vite, portando conforto,
ispirazione e guarigione a chiunque
cerchi rifugio nella loro armonia.

Ringraziamenti

In ogni nota, in ogni melodia e in ogni armonia di questo libro risuona il contributo e il sostegno di molte persone che hanno reso possibile questa ricerca sull'incredibile potere terapeutico della musica.

Desidero esprimere la mia profonda gratitudine a tutti coloro che hanno condiviso le loro conoscenze, esperienze e storie durante la creazione di questo libro. Un ringraziamento speciale va agli straordinari ricercatori, musicisti, terapisti e esperti che hanno dedicato il loro tempo e la loro saggezza per arricchire queste pagine con il loro sapere.

Un sentito ringraziamento va anche alle persone care che mi hanno sostenuto in questo viaggio di esplorazione e di scrittura. Alle mie famiglia e amici, il vostro sostegno costante e il vostro incoraggiamento hanno reso possibile portare avanti questa ricerca con passione e dedizione. Un applauso speciale va ai lettori di questo libro, coloro che con il loro interesse e la loro curiosità apriranno queste pagine e si immergeranno nell'universo della musica e della sua influenza sulla mente umana. La vostra voglia di conoscere e di esplorare alimenta la speranza che questo libro possa contribuire alla vostra comprensione e alla vostra gioia nel potere trasformativo della musica.

Infine, voglio dedicare questo lavoro a tutti coloro che hanno trovato conforto, guarigione e ispirazione nella musica. Che le note di questo libro possano aggiungere un capitolo significativo alla vostra personale sinfonia di crescita e benessere.

Grazie di cuore a tutti coloro che hanno reso possibile questo viaggio musicale nella mente e nell'anima umana.

Con gratitudine,

Chiara Consapevolezza